26055

SOUSCRIPTION.

OEUVRES POÉTIQUES
de
MICHEL LE GOUPIL,

Barbier-Tisserand au faubourg du Roule,
A CHERBOURG.

> .... J'ai, dès le matin,
> L'honneur de recevoir l'accueil et la visite
> Que me font chaque jour, bien des gens de mérite,
> Qui veulent tous savoir par quelle occasion
> J'ai pu faire des vers sans éducation.
>
> (Ep. de Michel Le Goupil, au rédacteur
> de l'Echo de la Manche.)

Quand l'Echo de la Manche révéla aux habitans de Cherbourg l'existence d'un modeste Barbier, qui composait *incognito* de petits poëmes au pied de la montagne du Roule, plusieurs lecteurs crurent d'abord que l'auteur du Voyage inédit dans la Manche, leur offrait, dans la personne de Michel LE GOUPIL, un de ces personnages fictifs, dont certains voyageurs savent si bien réchauffer et rendre piquantes leurs froides narrations.

Enfin l'incrédulité, puis le doute qui lui succède, cessèrent quand on eut vu le poète de faubourg. Chacun feuilletait les manuscrits de Michel LE GOUPIL : les connaisseurs ne pouvaient assez louer la facilité et le classicisme pur de ses vers. Plus d'un commis aussi ne cessait d'admirer, ce qui pour lui était le *nec plus ultra* des connaissances littéraires, la correction avec laquelle notre Barbier-Tisserand écrivait l'orthographe. Des savans, des petits-maîtres, des dames élégantes vinrent tour-à-tour féliciter notre moderne Adam Billaud, sur le talent poétique que lui octroya la nature.

Tout le monde l'engageait à faire imprimer ses œuvres ; mais on ne pensait pas que Michel Le Goupil a dit : Je dois

> Chaque jour, par mes soins assidus,
> Satisfaire aux besoins de six individus
> Qui pourraient faire honneur à la table d'un carme.
> Lorsque je veux rimer, ma femme fait vacarme :

que par conséquent il n'est pas assez riche pour faire les avances des frais d'impression de ses poésies. Ses amis lui indiquèrent un remède : il ne leur fallut pas de grands efforts d'imagination, dans ce siècle de souscriptions, pour penser à en ouvrir une ; c'est ce qu'ils font aujourd'hui, persuadés qu'ils trouveront des imitateurs parmi les concitoyens du modeste artisan qui consacra aux muses des rochers pittoresques du Roule, quelques instans dérobés à des travaux pénibles. Puisse la publication des OEuvres de Michel Le Goupil, prouver aux artisans qu'il vaut mieux consacrer, comme lui, ses rares loisirs à enrichir son esprit de connaissances agréables, que de les perdre en satisfaisant une passion brutale, malheureusement trop commune dans nos contrées.

Les OEuvres de Michel Le Goupil formeront un volume de cent pages in-8°, imprimé sur beau papier, en caractères neufs et avec un portrait de l'auteur.

Le prix pour les souscripteurs est de 2 francs 50 cent. Comme on ne tirera qu'un très-petit nombre d'exemplaires, passé le nombre des souscripteurs, le prix pour les personnes qui n'auront pas souscrit sera de 3 fr. 25 cent.

Nous joignons à ce prospectus deux pages des vers d'un des poëmes de Michel Le Goupil, pour modèle de l'édition qu'on en prépare.

On souscrit à Paris, chez Lecointe et Pougin, Libraires, Quai des Augustins, n°49; à Cherbourg, chez l'Auteur, rue de Paris, et chez MM. Boulanger père et fils, Imprimeurs-Libraires; à Saint-Lo, chez l'Editeur de l'Annuaire de la Manche, et chez tous les Libraires du département.

Si l'on mettait un peuple en liberté,
Que deviendraient les rangs et la naisssance ?
Tous ces manants, sortant de l'ignorance,
Demanderaient la réforme des lois,
Et que d'entre eux on prît les plus capables,
Pour balancer l'autorité des rois.
Tous les seigneurs, au mépris de leurs droits,
Verraient leurs serfs devenir leurs semblables
Et posséder d'immenses revenus.
Du droit divin on détruirait l'ouvrage,
Et désormais on ne rendrait hommage
Qu'au vrai mérite, aux talents, aux vertus.
Nul ne serait titré par la naissance,
Si de son père il n'avait la vaillance.
Les roturiers devenus opulens
Riraient de voir des nobles indigens,
Sans un valet pour faire leur cuisine.
Eh ! diraient-ils, ces pédants orgueilleux,
Sont-ils issus de si haute origine,
Que le travail les rende si honteux ?
S'ils ont des mains, c'est pour en faire usage,
Achille, au moins cent fois plus vaillant qu'eux,
Au camp des Grecs faisait bien son potage,
Sans cesser d'être un héros aux combats.
On irait dire au nez de nos prélats,
En se moquant des mîtres et des crosses,
Vous possédez des chevaux, des carosses;
Vous habitez de superbes palais

Et commandez à de nombreux valets :
Du Rédempteur est-ce offrir une image ?
Lui qui n'avait ni cuisinier, ni page,
Qui préférait, à la pompe des rois,
Du paysan la modeste cabane,
Enfin, à qui l'on ne vit qu'une fois
Une monture, encore était-ce un âne.
Et vous prêchez toujours dans vos sermons
Que tout chrétien doit suivre ses leçons ?
Mais, les premiers, donnez-nous-en l'exemple ;
Quittez ces biens, ce luxe, ces grandeurs
Et cet aspect qu'en tremblant l'on contemple,
Montrez-vous tels que ces humbles pêcheurs,
Qui de leur maître enseignaient la doctrine.
Ne faites plus de cette loi divine
Un piége adroit pour un peuple borné,
Qu'à vous servir vous aviez condamné.
Voilà, mon fils, la morale indocile
Que répandrait cette caste servile,
Qui chercherait à s'égaler aux grands.
Que celui donc, qui brille aux premiers rangs,
Pour son maintien sache donner des chaînes,
S'il ne veut voir ses serviteurs grossiers
Devenir tels que ces fougueux coursiers
A qui le guide a détaché les rênes,
Et qui, sans frein, courant à tout hasard,
Font culbuter le maître avec le char.

Cherbourg, Imp. de BOULANGER.

ŒUVRES POÉTIQUES

COMPLÈTES,

De Michel LEGOUPIL.

OEUVRES

POÉTIQUES COMPLÈTES

DE

Michel LEGOUPIL,

DE CHERBOURG.

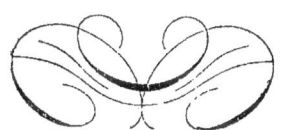

CHERBOURG,
Imp. BEDELFONTAINE et SYFFERT, rue Napoléon, 1.
1865.

PRÉFACE.

En livrant à l'impression mes œuvres, résultat de rares loisirs, j'ai cru que je devais à la bienveillante complaisance de mes souscripteurs, de leur exprimer ma reconnaissance, et en même temps de leur rendre compte des circonstances qui m'ont lancé dans la carrière où voyagèrent quelquefois des gens d'une condition semblable à la mienne.

Le latin, qui semble avoir été familier au Foulonnier de Vire, à ce Basselin, créateur d'un genre éminemment dans le caractère français, aussi bien qu'au Menuisier de Nevers, m'est absolument inconnu. Né vers la fin de 1792, le consulat me vit, du matin au soir, tantôt faisant courir la navette sur la chaîne de lin, et tantôt faisant mousser le savon émollient sur les figures enfarinées de nos meuniers, ou diminuant, aux jours de marché, la longueur des cheveux plats de nos paysans. C'est ainsi que se passa pour moi le temps heureux de l'adolescence. Ne connaissant de poésie que les chants des Faubouriens, mes compatriotes, je ne pensais guère à essayer moi-même d'ajuster une rime à la suite d'une ligne mesurée. Enfin, j'avais dépassé mon quatrième lustre, et je faisais partie de la garde nationale, quand, un jour, dans un des corps-de-garde du Port militaire de Cherbourg, le démon des vers me fit rencontrer cette fameuse Chandelle d'Arras, qui fut jadis si utile au malheureux Sanspain. A sa lueur je découvris ma future destinée, et dès-lors je prévis que je rimerais un jour. Longtemps pourtant je me contentai du rôle d'admirateur ; je lus, ou plutôt je dévorai les œuvres de nos poëtes : je vous aimais, surtout vous, vieux Desportes, cynique Régnier, naïf Marot, Despréaux, notre maître sévère, le tendre Racine, Fénélon, le bon La Fontaine, Voltaire et quelques autres encore, me tenaient souvent compagnie, dans le grenier où, par bonheur pour ma famille, j'ai donné plus de coups de navette que je n'ai ajusté d'hémistiches.

Je fis enfin l'essai de mes forces : vingt vers s'échappèrent (je ne dirai pas de ma plume, car je les écrivais avec une pointe, sur une planche de noyer, débris d'un gothique bahut) ; vingt vers s'échappèrent, dis-je, de mon cerveau, et, recueillis par une de mes pratiques à qui j'en donnai une copie, ils s'avisèrent de courir le monde. Me voilà reconnu pour rimeur ; alors de m'échauffer le cerveau, de rimer en tissant, en barbifiant. Ma réputation d'homme de lettres s'étendit, et bientôt je fus chargé d'écrire moyennant finance, toutefois, des lettres, des baux, des transactions, des quittances, des billets doux, que de jeunes bonnes, en tablier de percale bien blanc, venaient quelquefois me demander en secret ; alors je me disais : que ne suis-je né au douzième siècle, j'aurais erré de castel en castel, chez les vieux sires, dont j'aurais réchauffé le sang par quelque merveilleux flabel ; j'aurais, par des contes amoureux, dissipé l'ennui de la jeune châtelaine, dont le belliqueux époux aurait parcouru les plaines brûlantes de la Palestine. Toujours bien accueilli et bien choyé, j'aurais payé mon écot par des vers ; mais cet heureux temps n'est plus, il me faut être de mon siècle, c'est-à-dire travailler pour vivre, à des œuvres utiles à l'homme, payer des impôts, dont le trouvère n'est pas maintenant plus exempt que le gentilhomme ; enfin, m'acquitter, comme chacun, des devoirs de citoyen, dont on ne s'occupait guères au bon vieux temps.

Il faut cependant excepter nos braves aïeux, les paires-à-barons de Cherbourg, qui, eux-mêmes, veillaient à la garde de leur ville et de leur châtel, et qui, dans ces temps anciens, n'ont jamais été plus disposés à laisser piller leurs biens par les Anglais, que par cette foule de petits despotes du moyen-âge, qui prenaient le titre de seigneurs et de protecteurs du pauvre peuple.

Mais je m'oublie en parlant de moi ; je reviens donc à mon but, et je vais dire un dernier mot de mes poésies.

Quelques historiettes badines pourraient peut-être choquer des personnes qui s'imaginent que les scrupules sont de la piété. Pour moi, dans ma simplicité, j'ai cru ces anecdotes innocentes, et si les personnes graves et austères qui me liront, trouvaient que je me suis permis quelques licences, j'obtiendrai d'elles facilement pardon ; car elles resteront convaincues, j'en suis sûr, que je les ai écrites comme le bon La Fontaine écrivait ses contes, sans y penser mal ; je dirai donc comme lui, aux personnes qui se scandaliseraient de mes vers :

HONNI SOIT QUI MAL Y PENSE.

LA PERRUQUE

DU

POÈTE CHAPELAIN

> Ecrive qui voudra : chacun à ce métier.
> Peut perdre impunément de l'encre et du papier.
> BOILEAU.

PREMIER CHANT.

O toi ! pour qui les neuf sœurs sont propices ;
Qui joins le goût à la facilité,
Daigne à mes vers accorder tes auspices ;
Pour un moment suspends ta gravité :
Heureux cent fois si les sons de ma lyre,
En ma faveur excitaient ton sourire,
Et promettaient à mon cœur aujourd'hui
Que mes efforts obtiendront ton appui.
Depuis longtemps, pour l'honneur et la gloire
De Chapelain, je t'ai promis l'histoire
De sa perruque et de te réciter
Comment du ciel elle fut détachée,
Puis, sur la terre, aux grandeurs attachée,
Tous les revers qu'elle eut à supporter,
De quoi l'amour sut fort bien profiter.

Si, dans ces vers, qu'à ce but je compose,
Il se trouvait par malheur quelque chose
Qui fût contraire à ton austérité,
Pardonne-moi ce léger badinage ;
Mais pour t'offrir la pure vérité,
Je suis forcé d'employer ce langage.

Viens m'inspirer, célèbre Pinabet. (1)
Toi qui, jadis des coups de ton archet,
Fis, aux échos, répéter l'armonie ;
Dépêche-toi, quitte les sombres bords
Pour me prêter ton sublime génie,
Et que l'aspect de ton ombre chérie
Porte en mes chants les plus joyeux accords.
Je ne veux point, multipliant l'emphase,
Caracoler sur le dos de Pégase ;
Le ton badin de ton art convient mieux
A mon sujet qu'un sublime ennuyeux.

Dans un vallon où coule la Divette,
Près de Cherbourg, cette riche cité,
Dans le printemps on célèbre une fête
Où les plaisirs sont en activité ;
Le riche y fait briller son opulence ;
Lise et Colin s'y donnent rendez-vous :
Le gastronome y satisfait ses goûts,
Et les buveurs, dans leur effervescence,
Chantant l'amour et le dieu du flacon,
Le verre en main s'y troublent la raison.

Déjà l'aurore, annonçant l'assemblée,
Faisait briller dans nos champs sa rosée,

---

(1) Pinabet, aveugle, joueur de violon dans nos foires et assemblées.

Et le soleil, dorant un ciel d'azur,
Pronostiquait un jour brillant et pur.
De grand matin on voyait sur la place,
De tous côtés s'installer les marchands,
Dont les tréteaux occupaient plusieurs rangs ;
Chacun la veille ayant marqué la place
Qui lui semblait plus propre à son débit.
Bientôt partout s'offrit, en abondance,
Tout ce qui peut en un jour de bombance,
Flatter les goûts, la soif ou l'appétit.
Ici c'étaient, rangés en symétrie,
Pâtés, gâteaux, biscuits et macarons,
Pain, cervelats, fromages et jambons ;
Là, de Brisset (1) la tente était munie
De bon café, bière, vins excellents,
De la liqueur tous les raffinements ;
Dès qu'on parlait la chose était servie.
Les débitants du jus de Normandie,
Près des tonneaux, le double litre en main,
Mettaient déjà quelques buveurs en train.
Bientôt on vit une foule innombrable,
Ayant quitté la ville et les hameaux,
Venir goûter les plaisirs de la table
Et s'animer à vider les tonneaux.
Sachez de plus, que la veille, aux travaux,
Les ouvriers avaient eu l'avantage,
De recevoir le prix de leur ouvrage,
Et la plupart, tant qu'ils ont de l'argent,
Tout en trinquant s'échauffent la cervelle,
Et sur le soir souvent cherchent querelle.
Pour mettre l'ordre à ce désagrément,
Vingt grenadiers, un officier en tête,
Etaient venus se poster à la fête,

(1) Brisset, cafetier à Cherbourg.

Afin qu'on pût, en toute sûreté,
Se divertir chacun de son côté.

  Sur les tonneaux s'élevaient les indices
Qui signalaient aux enfants de Bacchus
Le cher dépôt contenant leurs délices ;
De toutes parts les buveurs assidus
Venaient en foule entourer ces bannières,
Aux débitants adressant leurs prières,
Pour obtenir le précieux nectar.
O ! grand Desprez, (1) ton fameux étendard
Etait serré d'une troupe altérée :
Ainsi qu'on vit le guide des Hébreux
Que, de la soif, sa troupe tourmentée,
Eût immolé s'il n'eût comblé leurs vœux ;
Ainsi des tiens, satisfaisant l'attente,
Tu leur versais ton liquide à grands flots,
Car tu craignais que leur fureur brûlante
Pour t'assommer ne s'armât de tes pots.
Dans tous les rangs la gaîté confondue,
S'offrait partout où l'on portait la vue ;
Tous du plaisir savouraient la douceur,
Et par des chants signalaient leur bonheur.
Bacchus, Comus et le dieu de Cythère,
Bannis du ciel, adorés sur la terre,
Car du destin ils calment les rigueurs,
Y prodiguaient à l'envi leurs faveurs;
Le dieu du vin était en concurrence
Avec l'amour, pour la prééminence ;
De ce beau jour chacun briguait l'honneur.
Bacchus voyant triompher sa puissance,
Fit à l'amour ce compliment railleur :

(1) Desprez, débitant de cidre dans les foires et assemblées.

« Cher Cupidon, quel est donc ton empire ?
Toi, qui jadis régissais l'univers ;
Dans tous les cœurs tu portais le délire ;
As-tu perdu ton nom dans nos revers ?
Comus et moi nous avons l'avantage ;
Aucun ici ne t'offre son hommage ;
Tout semble avoir abandonné tes lois :
Qu'est devenu ton arc et ton carquois ?
Tiens, vois surtout, assis à cette table,
Ces deux mortels d'une humeur agréable,
Riant, chantant et prenant leurs ébats
Sur le bon jus et les mets délicats ;
Eh bien, tu vois, d'une gaîté pareille,
Tous nos sujets nous fêter en ces lieux ;
Fais-nous y voir aussi quelque merveille,
Si ton flambeau conserve encore des feux. »

— « Cesse Bacchus, cesse ton ironie,
Lui répondit le petit dieu d'amour,
Tu sais quelle est ma puissance infinie
Sur tous les cœurs qui reçoivent le jour ;
Mais puisqu'ici ton orgueil me méprise,
Sois donc témoin que dans une entreprise,
Je puis encor te prouver ma vigueur ;
De tes sujets, fameux en gourmandise,
Pour me servir je vais gagner le cœur. »

Il dit ; soudain, méditant sa vengeance,
Quittant Bacchus, dans la foule il s'avance,
L'arc à la main, le carquois sur le dos,
Pour enflammer le cœur de ses héros.

C'est dans l'instant que je vais entreprendre,
Ami lecteur, de te dire et t'apprendre

Ce que c'étaient que ces deux fiers lurons,
Qui de l'amour vengèrent la querelle,
Et dont il sut récompenser le zèle
En leur faisant pratiquer ses leçons :
L'un d'eux était Eustache la Ripaille,
Vaillant guerrier, surtout pour la volaille,
Le jeu, le duel, l'amour et le bon vin,
Maître escrimeur, dangereux spadassin ;
Il ne tirait jamais le cimeterre
Qu'il n'étendît son ennemi par terre :
Il était franc, joyeux et libéral,
Et ne sortait jamais de la caserne
Que pour aller coucher à l'hôpital,
Au violon ou bien à la taverne.
Pour revenir à l'autre compagnon,
On le nommait Grégoire Paillardon,
Jeune et bien fait, surtout d'un caractère
Plus doucereux que celui du guerrier,
Auprès du sexe il savait toujours plaire ;
Dans un moulin il était farinier,
Non tel que ceux dont l'infâme rubrique
Est de duper le maître et la pratique ;
Bref, ou l'eût fait le saint de son métier,
Si l'on pouvait faire un saint d'un meunier :
Il eut, dit-on, un jeune abbé pour père.
Dans sa grossesse on conte que sa mère,
De la tonsure ayant démangeaison,
Se soulageait, grattant sous sa coiffure,
Ce qui causa que notre gros garçon
Vint en naissant privé de chevelure
Mais pour cacher ce défaut de nature,
D'une perruque il est toujours coiffé
Avec tant d'art, qu'ignorant l'aventure,
Assurément on s'y serait trompé.

Jusqu'à ce jour la Ripaille et Grégoire,
Dans les assauts donnés chez les traiteurs
Étaient toujours demeurés les vainqueurs ;
Mais il fallait que l'un d'eux eût la gloire
D'être en ce jour le héros des buveurs.
Ils étaient donc à vider cette affaire,
Quand deux galants, et chacun sa bergère,
Vinrent s'asseoir près de nos champions,
Il faut savoir que l'un des céladons
Était Lucas, barbier de son village ;
Lisette était son amoureux partage.
De l'autre amant Nicaise était son nom,
Et sa maîtresse on la nommait Suzon.

La Glacerie (1), en beau sexe fertile,
A sous ses toîts vu naître ces amants,
Et pour goûter les plaisirs de la ville,
L'amour leur fit quitter ces lieux charmants.
Fallait-il fuir, villageois imprudents,
Les plaisirs purs que l'on goûte au village,
Pour confier au destin trop volage
De vos beautés les attraits séduisants ?
L'amant discret qui hante une bergère
Doit l'éloigner du monde corrompu ;
A nos cités préférer la fougère,
S'il ne veut point hazarder sa vertu.
L'air séduisant des jeunes bocagères
Des feux d'amour embrasa nos buveurs ;
Les mets exquis, le vin et les liqueurs,
Dont les douceurs leur paraissaient si chères,
Ne furent plus l'objet de leurs désirs ;
Ils n'aspiraient dans cette conjoncture

(1) La Glacerie, village de la commune de Tourlaville.

Que d'en venir à certaine aventure
Qui leur offrait de plus tendres plaisirs ;
Lorsque l'amour, pour qui tout est facile,
Fit survenir une vieille sybile,
Qui, pour deux sols, le porte-voix en main,
Dit à qui veut l'avenir incertain ;
Avec l'espoir d'obtenir sa pitence,
Cette sorcière allait à tous écots,
Leur débiter ses mystiques fagots.
Tel des bons mots possédant la science,
Jadis *Montmaur*, sans argent ni crédit,
De table en table amusait l'indolence,
Pour appaiser son terrible appétit.
Or, Paillardon d'une humeur sans pareille,
En badinant, lui demanda soudain,
Si, dans ce jour, il aurait perte ou gain.
Elle lui mit son tuyau dans l'oreille
Et répondit d'un ton mystérieux :
« Je vois ton cœur épris de tendres feux,
Je vois aussi s'élever une crise
Qui portera la honte sur ton front ;
Mais dès ce soir une heureuse entreprise,
Par le plaisir vengera cet affront. »

Un peu surpris, l'impatient Grégoire,
Lui demanda d'éclaircir cette histoire ;
Mais il n'en eut d'autre solution.
Ensuite allant vers l'autre compagnon,
Elle s'apprête à poursuivre sa tâche,
Mais vous saurez que l'indocile Eustache,
A ces discours n'entendit point raison ;
Sur le passé n'ayant rien à prétendre,
Il ne songeait qu'à jouir du présent,
D'autre bonheur il ne voulait attendre,
Quand dans sa poche il avait de l'argent ;

Si pour le boire il quittait son service,
Ou de son lit la nuit s'il découchait,
Pour l'avenir, trop tôt il le savait,
Qu'il irait voir la salle de police.
L'aventurière, allant à nos amants,
Tint à Suzon ces propos séduisants :

« Si vous voulez, aimable créature,
Avant qu'ailleurs j'aille porter mes pas,
Je vais vous dire une heureuse aventure
Que le destin réserve à vos appas. »

— « Ah ! vraiment oui, dites-moi cette chose. »

— « Eh bien, sachez qu'avant qu'il soit nuit close,
Le dieu d'amour, par un heureux revers,
Vous fera voir le feuillage à l'envers. »
Alors s'en fut la vieille Pythonnise,
Pour exercer son art en d'autres lieux ;
Après avoir, de la jeune novice,
Rempli le cœur de soupçons amoureux.
La belle était encore dans l'innocence ;
Car, par respect, son très-timide amant
De ses faveurs n'exigeait pas l'avance,
Réservant tout au jour du sacrement.
Quand on agit avec tant de scrupule,
On court danger de gober la pillule,
Et pour vouloir trop de maturité,
Assez souvent on cueille un fruit goûté.

Mais je reviens à la réponse obscure
Que Paillardon dans son cœur repassait,
Et que Suzon en vain examinait,
Sans qu'aucun d'eux pénétrât l'aventure
Que dans ce jour l'amour leur préparait ;

A son amant adressant la parole,
La belle dit, d'un air fort inquiet,
Ne pouvant plus retenir son secret :
« Que me prédit donc cette parabole,
Que dès ce soir l'amour, par un revers,
Me fera voir le feuillage à l'envers ?
De le savoir j'ai grande impatience ;
Dépêche-toi de m'éclaircir ce point. »
Mais il ne put, faute d'intelligence,
Car, non plus qu'elle, il ne le savait point ;
Sur quoi Suzon devint triste et rêveuse,
N'étant instruite au gré de ses souhaits,
Car elle était d'humeur un peu boudeuse,
Quand ses désirs n'étaient point satisfaits.
Elle accusa son amant d'ignorance,
De ne pouvoir deviner la sentence :
Certain espoir enflamma mes héros
En entendant prononcer ces propos.
— « Ah ! le beau coup, dit l'amoureux Grégoire,
Il faut surtout tâcher d'en profiter :
Ces deux lourdeaux doivent-ils posséder
Tant de beauté dont ils ont tant de gloire ?
A ces butors disputons la victoire ;
Assurément nous allons triompher ;
Quel plus beau prix peut-on jamais gagner. »
En espérant que l'on tentât l'affaire,
On résolut de remplir le flacon ;
Eustache y court laissant là Paillardon,
Qui d'un coup d'œil choisissait sa bergère,
Et composait la galante leçon
Qui lui servit pour l'introduction.

Avant d'avoir obtenu l'avantage,
Il ne faut point se vanter du succès,

Car soit en guèrre, en amour ou procès,
Combien de gens, faisant grand étalage,
Ont vu souvent leurs projets renversés
Par des rivaux qu'ils avaient méprisés.
Mes deux grivois, comptant sur leur vaillance,
D'être vainqueurs se sont flattés d'avance ;
Lecteur, voyons si le sort inconstant
Sera propice à leur exploit galant.

Las d'espérer, l'impatient Grégoire
Voulant lui seul préparer la victoire,
En badinant s'approcha de Suzon,
Et débuta par ce discours mignon :
— « Ma belle enfant, je vous vois inquiète ;
Eh quoi ! faut-il ainsi vous affliger !
Pour dissiper votre peine secrète,
Venez à moi, je vais vous expliquer
Le sens tout clair de votre parabole ;
Et par la main la tirant à l'écart,
Que votre amant, lui dit-il, est pénard !
Ce qu'il vous dit ne vaut pas une obole ;
Écoutez donc, comptez sur ma parole,
Car des destins je sais pénétrer l'art :
Dès ce soir même, à l'ombre du feuillage,
Le dieu d'amour comblera vos désirs,
Mais votre amant n'aura point ce partage,
Car le benêt ignore les plaisirs.
De vos attraits, beauté digne d'envie,
Mon cœur épris vous parle sans détours ;
Si vous voulez accepter mes amours,
A vous chérir je passerai ma vie. »
Déjà Grégoire avait, par ses discours,
Touché le cœur de la belle Sylvie,
Quand son amant, frappé de jalousie,

De ces propos vint savoir la raison.
— « Pourquoi viens-tu, dit-il à Paillardon,
De notre écot détourner cette fille,
Pour lui conter ta leçon incivile ?
Ce n'est le fait que d'un vrai polisson,
Va fréquenter des gens de ton mérite,
De cette espèce il en est trop partout,
A ton écot va te sauver bien vite,
Si tu ne veux recevoir un atout. »
Mon fier héros, qu'un tel argument pique,
Voulut punir un affront si hautain,
Au sermoneur, sur la joue il applique
D'un bras nerveux le cachet de sa main.
Nicaise allait rouler dans la poussière
Si, par bonheur, son cher ami Lucas
Ne l'eût reçu promptement dans ses bras,
Et le posant tout doucement à terre;
Pour qu'il reprît l'usage de ses sens,
Sur Paillardon il court en même temps;
De son ami voulant venger l'offense,
Les poings fermés au combat il s'avance :
En moins de rien les nombreux assistants
Ont fait un cirque aux deux fiers combattants.
Tel un dimanche, au bout du pont du Roule,
On voit Allain, Bachelet et Britel (1),
Qui de leurs coqs décident le cartel,
Des spectateurs faire ranger la foule
Pour donner champ plus large aux champions,
Dont le plus fort doit gagner la gageure :
Bientôt lâchés, les fiers alectryons,
Avec vigueur se terrassent sur l'heure,
Se harcelant à grands coups d'éperons :
Tels mes héros, par une égale audace,

(1) Allain, Bachelet et Britel, amateurs de coqs.

La rage au cœur et l'œil étincelant,
A coup de poings se meurtrissent la face ;
Dans leur fureur, tous les deux désirant
Voir son rival sur la terre expirant.
Chacun bientôt, pour avoir l'avantage,
A bras-le-corps saisit son compagnon ;
D'un rude effort, le vaillant Paillardon
Réunissant la souplesse au courage,
Fait culbuter Lucas sur le gazon ;
Et le vainqueur, poursuivant sa conquête,
Voulant pousser l'affaire jusqu'au bout,
A coups portant lui travaillait la tête,
Sans que Lucas en perdît un seul coup.
Que faire hélas ! en ce moment d'alarmes ?
Jeunes beautés, votre fidèle amant,
En combattant pour l'honneur de vos charmes,
Sous son vainqueur est déjà tout sanglant,
De tous côtés vous cherchez assistance,
Et par vos cris, Nicaise ranimé,
Accourt soudain, poussé par la vengeance,
Pour soutenir son ami terrassé.
A travers tout il se fait un passage ;
Sur l'ennemi s'élançant avec rage,
Il le saisit rudement aux cheveux ;
Courage, ami, ton effort valeureux
Va décider du sort de la bataille ;
Grégoire en vain réclame la Ripaille ;
Il doit subir un affront douloureux ;
O coup fatal ! Nicaise, par derrière,
En s'acharnant sur sa fausse crinière,
La fait sauter, offrant à tous les yeux,
D'un chef tout nu le spectacle honteux.
Quittant Lucas, des mains couvrant sa nuque,
Mon Paillardon court après sa perruque ;

Mais du voleur il cherche en vain les pas.
Pour terminer cette scène étonnante,
Les assistants, d'une voix éclatante,
Remplissent l'air de leurs longs brouhahas :
La garde accourt ; les vainqueurs au plus vite,
En s'esquivant, évitent la poursuite,
Et le vainqueur va chercher un réduit
Pour y cacher sa honte et son dépit.
En ce moment il est bon que tu saches,
Mon cher lecteur, ce que devint Eustache,
Lorsqu'arrivant après ce dur combat,
Il eut appris ce fâcheux résultat ;
Hélas ! dit-il, enflammé de colère,
Que n'ai-je été présent à cette affaire,
Tes ennemis, sous mes coups terrassés,
Cher Paillardon, t'auraient demandé grâce,
Mais aux enfers se fussent-ils cachés,
J'y descendrais pour punir leur audace.
Quoi ! les coquins, dans ce jour de régal
Me priveraient d'un ami libéral
Qui satisfait partout à ma dépense !
Ah ! vengeons-nous d'une telle insolence :
Je vais prouver, à ces fameux manans,
Qu'on ne fait pas la guerre à mes dépens.
Soudain, il part comme un foudre de guerre,
Cherchant sur qui décharger sa colère ;
Tremblez ! tremblez ! villageois arrogans,
D'un rude assaut le destin vous menace,
Car mon héros va vous suivre à la trace
Pour vous punir par d'affreux châtiments.
Dans ce dessein il parcourt l'assemblée,
D'une vitesse égalant la pensée ;
Mais c'est en vain, sa recherche est sans fruit ;
Tout aussitôt il se met dans l'esprit,

Que de ces rocs, qui dominent la fête,
D'où l'on peut voir tant d'objets à la fois,
Il pourra voir les lâches villageois,
Ou de Grégoire apercevoir la tête,
Ainsi qu'on voit la lune dans les cieux
Briller parmi tant d'astres radieux.

Ayant bientôt surmonté tout obstacle,
Il est déjà monté sur le pinacle,
Où de Cherbourg on découvre les forts,
Les monuments, les travaux et les ports.
Peintres fameux, amis de la nature,
Qui de son goût faites votre leçon,
Pour en former une vive peinture,
Venez d'ici contempler l'horizon ;
De mille objets le riant assemblage
Charme surtout par sa variété ;
Là, sont des flots écumants au rivage,
D'autre côté des vergers, des bocages,
Et des rochers offrant l'antiquité ;
Ici le Roule étale ses ombrages,
Et de ses eaux, le cristal argenté ;
Pour décorer ce beau vallon champêtre,
L'orme aligné forme d'épais berceaux,
Le chêne altier, le sapin et le hêtre,
De leur feuillage ombragent ses côteaux,
Et la Divette, aux mers bornant sa course,
Y vient rouler le produit de sa source,
Que Barafort (1), d'un subtil hameçon,
Va chaque jour épuiser de poisson.
Le peuplier, ornant ce paysage,
Voit ses rameaux balancer dans les airs,

(1) Barafort, chevalier de la légion d'honneur, officier de la garde nationale de Cherbourg, grand pêcheur à la ligne.

Et les oiseaux, sous son tremblant feuillage,
Chanter leurs feux en de joyeux concerts ;
Mais écoutez la voix mélodieuse,
Qui pour le chant surpasse les oiseaux,
Est-ce une nymphe au milieu des roseaux ?
Non, c'est Babet, la jeune blanchisseuse,
Par des chansons égayant ses travaux ;
C'est dans tes prés, vallon digne de Flore,
Qu'au mois de mai, la troupe des amants
Va chaque jour, au lever de l'aurore,
Boire le lait sous tes bosquets charmants,
Célébrant Pan, Vénus et Terpsichore ;
Ou réunis, dans les beaux jours d'été,
Ils vont danser, dès l'aube matinale,
Sous tes ormeaux, séjour de volupté,
En épuisant ta source minérale,
Où les Iris vont chercher la santé,
Un jeune amant et la fécondité.
Mais ce vallon, qu'embellit la nature,
Ces bois touffus, ces tapis de verdure,
Et de Cherbourg, les monuments fameux,
D'Eustache en vain voudraient fixer les vœux ;
Paillardon seul occupe sa pensée.

Comme il fixait ses yeux sur l'assemblée,
Il aperçoit, ô spectacle outrageant !
Les villageois qui, d'un air insultant,
De son ami montraient la chevelure
Aux spectateurs, qui riaient aux éclats.
Notre guerrier, pour venger cette injure,
Qui mille fois eût souffert le trépas,
Plus furieux que ne parut Achille
Aux Dardaniens, quand, autour de leur ville,

Il poursuivait le malheureux Hector,
Est aussitôt descendu sur la place,
Où de Grégoire on se moquait encor.
Soudain il fait ranger la populace,
Quiconque rit est terrassé soudain ;
Les villageois l'ont aperçu de loin,
Et dans la foule évitent sa présence,
Où, par hasard, ils ont pour assistance,
De leur hameau, huit robustes lurons,
Gens qui jamais ne vont sans leurs bâtons.
Un fort-à-bras d'entr'eux, nommé Guillaume,
Ou bien Guilmot (1) ; c'était un vitrier,
Joyeux buveur et fameux gastronome,
Qui, pour fêter tous les jours son gosier,
D'un bon poulet et d'un coup de rogome,
N'eût point été chercher dispense à Rome,
Marche en avant, et cherche, par ces mots,
A dissiper la fureur du héros :
« L'ami, dit-il, calmez votre colère,
La raison doit arranger cette affaire ;
Paillardon n'est qu'un brutal, un vaurien,
On l'a puni pour avoir fait tapage ;
Il a reçu ce qu'il méritait bien ;
Il a laissé sa perruque en otage,
Qu'on lui rendra, sous la condition,
Que de sa faute il demande pardon.
Ainsi sur nous n'allez rien entreprendre,
Car nous serions forcés à nous défendre,
Vous feriez mieux, loin de nous attaquer,
De prendre un verre et nous allons trinquer. »

 Ce beau discours ne fait qu'aigrir Eustache,
Qui sur Guilmot, s'approchant de très-près,

(1) Guilmot ou Guillaume Roussel, vitrier à la Glacerie.

D'un coup de poing lui camarde le nez.
« Voilà comment je trinque avec un lâche,
Lui disait-il, en le voyant tomber ;
Une autre fois apprends à mieux parler. »

    Les villageois secourent leur Cambrone,
Sur l'agresseur on court, on l'environne,
De toutes parts il se voit accablé,
Pour comble encor chacun criait tollé.
On le frappait avec tant de furie,
Qu'en cet instant il eût perdu la vie,
S'il n'eût trouvé, sous ses pieds, un maillet
Appartenant au cafetier Brisset,
Qui lui servait à monter sa charpente,
Quand quelque part il installait sa tente ;
Avec cette arme, il s'avance à grands pas
Sur l'ennemi, frappant à tour de bras ;
Déjà Monsi, Soubreveste et Carrière,
Sont envoyés à mordre la poussière ;
Contre un tonneau s'en va tomber Binet,
Et de sa chute il rompt le robinet :
Le nectar coule et le débitant jure ;
D'un autre coup, Fleury, par aventure,
D'un pâtissier renverse le tréteau ;
Et près de là, tombe sur le carreau,
Sans sentiment, le valeureux Ménage,
D'un affreux coup, reçu dans le visage ;
L'église, en lui, faillit perdre un bedeau :
Les Philistins, dont parle l'Ecriture,
Ne virent point telle déconfiture,
Lorsque Samson, une mâchoire en main,
De ces bandits purgeait le genre humain.
Guilmot, qui veut soutenir la retraite,
Saisit, pour arme, un gros pieu de charrette,

Et sur Eustache il court plus furieux
Qu'un fier taureau qui, dans la boucherie,
A, sur son front, reçu le coup affreux
Qui lui marquait le terme de la vie,
Et qui s'échappe, écumant de furie,
Portant partout la terreur et la mort :
Ainsi Guilmot, dans son bouillant transport,
Jusqu'au guerrier s'étant fait une issue,
Vous l'assaillit à grands coups de massue ;
De part et d'autre alors cent coups portés
Sont rudement reçus ou ripostés,
Mais de Guilmot, la vive espadonnade,
Tenant toujours Eustache à la parade,
Le force, enfin, de rompre en combattant ;
Pour l'éviter on se range, on se serre,
La multitude, à grands flots s'agitant,
Voit le danger qui va toujours croissant ;
On se culbute, on se jette par terre ;
A celui-ci, l'on vient de rompre un bras ;
A celui-là, l'on passe sur le ventre ;
Les cafetiers, repoussant l'embarras,
Dans leurs cafés empêchent que l'on entre ;
On fait partout un horrible fracas ;
L'air retentit des cris épouvantables ;
On va brisant les tréteaux et les tables,
Et les marchands, sous la foule écrasés,
Sont sans pitié bien battus et pillés.
La garde vient arrêter le carnage,
Et pour punir les auteurs du tapage,
On fait enquête, on entend des témoins ;
Les plus battus en connaissent le moins ;
Pourtant, l'un dit : « J'ai vu, sur la Ripaille,
Qui d'un meunier réclamait la toison,
Huit villageois, à grands coups de bâton,
Qui le frappaient comme on fait sur la paille

De qui l'on veut faire sortir le blé,
Mais quoiqu'il fût par le nombre accablé,
Qu'il n'eût en main qu'un maillet pour toute arme,
Il a pourtant su triompher de tous,
Il leur portait de si terribles coups,
Que sa fureur a produit ce vacarme. »

— « Quoi ! c'est ainsi, répond le lieutenant,
Qu'une perruque, a sû, dans un instant,
Mettre deux fois l'assemblée en désordre ;
Et nous a fait courir de tous côtés.
Ne serons-nous que pour elle occupés ?
Oh ! parbleu non ! j'y vais bientôt mettre ordre,
Et je veux bien passer pour un poltron,
Si la Ripaille et toute sa cohorte,
Et la perruque et celui qui la porte,
Ne vont, ce soir, coucher à la prison,
Si, sous ma main, tombe cette canaille. »

Les villageois, craignant d'être arrêtés,
Prennent la fuite à pas précipités ;
De son côté, le vaillant la Ripaille,
De la police ayant su les desseins,
Pour s'évader prit les plus courts chemins,

FIN DU PREMIER CHANT.

CHANT SECOND.

C'est au hasard qu'on doit les découvertes :
Si la boussole, au marin sur les mers,
Au voyageur, dans les plaines désertes,
Offre la route, à travers les dangers ;
Si l'astronome, avec un télescope,
La nuit se livre aux célestes travaux ;
Si Pluche (1) enfin, voit, dans un microscope,
La puce en proie à d'autres animaux ;
Tous du hasard tiennent ces connaissances ;
Mais s'il servit aux progrès des sciences,
Où les savants exercent leur esprit,
Il fut aussi propice à mon Grégoire ;
De ses parents lui découvrant l'histoire,
Dont en ce chant on verra le récit.

Il faut d'abord, pour rentrer en matière,
Nous reporter au moment d'embarras
Où Paillardon, privé de sa crinière,
Loin des témoins se sauvait à grands pas.

(1) Pluche, auteur naturaliste.

Jadis il fut, auprès de l'assemblée,
Une chapelle (1) au culte consacrée,
D'où l'inconstance a su bannir les saints,
Pour la livrer a des plaisirs mondains.
Dans cette enceinte, au fond d'une masure,
Dont le vieux toît, chargé d'épais rameaux,
Sert de retraite aux nocturnes oiseaux,
On voit encor la profonde ouverture (2)
Où le pasteur, qui vivait en ces lieux,
Revient la nuit, sous un aspect hideux.
Là, Paillardon, loin du fracas du monde,
Fut se cacher, en attendant la nuit ;
Pour mettre un terme à sa douleur profonde,
Le sommeil vint, qui bientôt l'endormit,
Et d'un beau songe occupa son esprit.
D'abord il crut entrevoir dans sa fuite
Le villageois, évitant la poursuite,
Qui se sauvait au fond du souterrain,
Tenant encore la perruque à la main.
» Oh ! pour le coup, dit-il, dans sa colère,
Tu vas danser un vilain rigodon,
Ou que jamais je ne sois Paillardon. »

Il court après, entre dans la tanière,
Et, sans y voir, parvenu jusqu'au fond,
Contre une porte il se heurte le front,
Voulant passer outre cette ouverture.
Sous ses efforts, la porte s'entr'ouvrant,
Le laisse entrer, puis se ferme à l'instant ;
Tout étonné de l'étrange aventure,

---

(1) L'Hermitage-de-Bas, au pied de la montagne du Roule.
(2) Cette caverne se voit encore dans le jardin de l'Hermitage ; on peut y pénétrer à une grande distance.

Il s'aperçoit qu'il est dans un manoir,
Dont les hauts murs, construits en marbre noir,
D'un grand plafond portent la voûte obscure.
Pour éclairer ce sombre appartement
Est une lampe en forme de serpent,
Qui tient au mur par sa queue ondoyante,
Et la fureur dont il semble agité,
Fait, par ses yeux et sa gueule béante,
Jaillir des feux qui portent la clarté
Jusqu'au plafond de cet antre mystique
Où sont empreints, dans un cercle magique,
Des ossemens et des signes affreux,
Et sur les murs de grands portraits hideux
Représentant Satan et sa milice ;
Dans un parquet, destiné pour l'office,
Sur un pupitre, un grimoire est placé ;
Il s'en approche et commence une page ;
Précisément c'était l'affreux passage
Par qui Satan d'apparaître est forcé ;
Soudain un bruit fait tout frémir dans l'antre,
La porte s'ouvre et le revenant entre ;
Un grand froc noir forme son vêtement,
Un tricorne couvre sa chevelure,
Et le cordon qui lui sert de ceinture
Donne à son air l'aspect d'un pénitent.
De Satanas, croyant voir la présence,
Mon Paillardon, de frayeur fut en transe,
Pour s'évader parcourt tout le parquet,
Tel qu'un oiseau, pris dans un trébuchet,
Fait ses efforts pour sortir d'esclavage ;
Mais à l'instant le grave personnage
Lui parle ainsi, pour calmer sa frayeur :
« Mon cher enfant rappelle ton courage,
Je viens à toi, mais en libérateur ;

C'est moi qui suis l'auteur de ta naissance ;
Depuis longtemps j'attendais ta présence,
Car le destin m'avait prédit qu'un jour
Tu me rendrais visite en ce séjour ;
Je sais quel est le sujet de ta peine,
De tes malheurs je briserai la chaîne ;
Approche-toi, je parle franchement,
Et de la peur quitte le sentiment

— Vous, dont l'aspect annonce un grand mérite,
Répond Grégoire à notre cénobite,
Pardonnez-moi, si j'ai, mal-à-propos,
Sans le vouloir, troublé votre repos ;
Daignez aussi m'expliquer le mystère,
Comme il s'est fait que je sois votre fils,
Et pour quel but, à mes regards surpris,
Vous paraissez en ce lieu solitaire :
Surtout ici, veuillez me protéger,
Et que j'y sois exempt de tout danger. »

— Eh bien, mon fils, je vais te satisfaire,
Lui répondit notre abbé débonnaire :
Sache qu'ici je fus pasteur jadis ;
Je chérissais l'amoureux badinage :
Voilà pourquoi que dans le voisinage
On me donnait le nom de Paillardis ;
De mon état multipliant l'aisance,
Dans les hameaux je quêtais tous les jours ;
Les villageois, charmés de mes discours,
Me faisaient vivre au sein de l'abondance ;
J'étais heureux. Mais la concupiscence
Plongea mon cœur dans les plaisirs charnels ;
Pourquoi faut-il, qu'avec tant de puissance,
Le noir esprit subjugue les mortels !

L'homme aisément parviendrait à la gloire
Si ce lutin ne le faisait broncher.
Mais de ce pas où vais-je m'engager?
Sans plus tarder reprenons notre histoire,
En concluant qu'il faut être bien fin
Pour se sauver malgré l'esprit malin.
Outre les dons qui chargeaient mon ânesse,
J'étais souvent à table bien pansé
Chez un baron d'une illustre noblesse,
Que l'on nommait le seigneur de Gacé.
Ce bon vieillard, d'une épouse chérie,
Que jeune encore la mort avait ravie,
Eut deux enfants : l'aîné fut un garçon ;
La guerre étant sa noble passion,
Il y courut défendre sa patrie
Et soutenir l'honneur de sa maison.
L'autre, c'était la charmante Isabelle ;
Pour ses plaisirs l'amour la fit si belle
Que le pouvoir de ses charmes vainqueurs,
De feux ardents embrasait tous les cœurs.
De ses aïeux voulant suivre l'usage,
Le vieux baron gardait son héritage
A son fils seul, afin qu'il pût un jour,
Avec éclat figurer à la cour.
Un cloître était destiné pour sa fille ;
Là, détestant son sexe et sa famille,
Elle devait prier jusqu'à la mort ;
Son père en moi mettait sa confiance,
Pour lui vanter la douceur d'un tel sort,
Depuis longtemps l'amoureuse influence
Pour Isabeau me causait du tourment ;
Je la gagnai par ma douce éloquence,
Pour mes plaisirs et non pour le couvent.

Pendant la nuit la belle adroitement
Sut de son père enlever la cassette,
Et, se sauvant au fond de ma retraite,
Avec son cœur vint m'en faire un présent.
Le lendemain, le baron plein de rage,
Fit promptement fouiller le voisinage
Pour retrouver sa fille et son trésor,
Même un objet plus précieux encor :
Une perruque était dans la cassette,
Elle venait de l'un de ses aïeux.
Voici comment : A la voûte des cieux
On vit briller une énorme comète (1)
Qui surmontait la tête d'Orion
D'une brillante et longue chevelure.
Les ignorants, par superstition,
La regardaient comme un sinistre augure
Qui présidait la fin de la nature,
Et tous, frappés de consternation,
De leurs péchés demandaient le pardon.

Le roi puissant qui régnait sur la France,
Le Grand Louis, protecteur des talents,
De ses états réunit les savants
Pour expliquer quelle était l'influence
Du corps céleste, et supputer son cours.
Un des Gacé, qui vint à ce concours,
Dit que bientôt cet astre mis en fuite,
Par Jupiter, en traçant son orbite,
Serait jeté vers l'étoile du nord.
Le choc advint, et par un tel effort,
Que l'on en vit détacher la crinière,
Qui, par degrés, perdant de sa lumière,

(1) La comète qui parut en 1680, et qui fut observée de MM. Bayle et Cassini, par ordre de Louis XIV.

Aux yeux de tous vint tomber dans Paris,
Sur le Pont-Neuf, où le peuple surpris,
La reconnut pour être la perruque
Dont Chapelain se décorait la nuque,
Qui la perdit en un combat fameux,
Et qu'Apollon, pour astre des poètes,
Avait, au ciel, mise au rang des comètes.
Le roi, voulant, par un trait généreux,
De l'astronome, honorer la science,
Lui décerna le titre de baron,
En ordonnant que dans son écusson,
D'une perruque on mît la ressemblance,
Et qu'il transmit à sa postérité
La chevelure, instrument de sa gloire,
Qui fixerait son droit d'hérédité.
Or, sur ce point, rentrant à mon histoire,
Aucun ne sut que j'eusse, en mon réduit,
La fugitive et le trésor susdit.
Neuf mois après, tu naquis, cher Grégoire,
Mais par malheur, le destin rigoureux,
Tout nettement te priva de cheveux ;
On eut alors recours à la cassette,
Et la perruque on te mit sur la tête ;
Ainsi coiffé, la femme d'un meunier,
Qui du baron était alors fermier,
Parmi les siens prit soin de ton enfance ;
Ta mère et moi, nous allions, en silence,
Souvent la nuit, te serrer dans nos bras ;
Quand le baron, qui dissipait sa peine,
Nous vit un soir traverser son domaine,
Vite sur nous, il courut à grands pas ;
Au premier coup reconnaissant sa fille,
— « Quoi ! me dit-il, fléau de ma famille,

Tu viens encore, avec impunité,
Jusqu'en ce lieu poursuivre ton offense !
De ton forfait reçois la récompense.
Il dit : soudain, de fureur transporté,
D'un coup d'épée il termina ma vie ;
Et son laquais cachant cette action,
Creusa ma tombe en ce lieu d'infamie,
Qui fut frappé de malédiction,
Car tous les ans, l'herbe y croît à foison,
Mais on ne peut la récolter sans pluie. (1)
Bientôt après, au fond de sa prison,
La douleur fit succomber Isabelle,
En même temps on apprit la nouvelle
Au vieux baron, que son fils était mort,
Dont il mourut d'un douloureux transport.
Pour moi j'étais au ténébreux empire,
Toujours en proie à l'amoureux délire,
Sans nul espoir d'y trouver guérison ;
Car des damnés, le plus cruel martyre,
C'est de se voir dans la privation
De ce qu'au monde était leur passion.
Tous les damnés en me faisant la nique,
Me reprochaient les vœux de mon état,
J'étais l'objet de la fable publique ;
On me nommait le paillard, l'apostat !
Oh ! que ces lieux sont pleins de misérables !
Jamais Bicêtre ou le Mont-Saint-Michel,
Dans leurs cachots n'en ont vu de semblables,
Aussi sont-ils en proie à tous les diables,
Et condamnés au brasier éternel. »

(1) Cette prairie, qui est au Roule, porte le nom de Pré-Pluvieux, à cause, dit le vulgaire, qu'on ne peut le récolter sans pluie, étant frappé d'une malédiction, pour s'y être commis un assassinat.

— Vous augmentez ma crainte et ma surprise,
Dit Paillardon : quoi! l'enfer et ses feux,
Et les démons tant prêchés par l'église,
Seraient réels, et dans ce gouffre affreux
Vous seriez cuit pour m'avoir donné l'être ?
Que deviendrai-je alors en ce séjour ?
Moi qui jamais n'ai rencontré mon maître,
Ni mon égal, aux plaisirs de l'amour ! »

— Bannis, mon fils, la crainte qui t'agite,
Répond l'abbé, l'amour n'est illicite,
Que pour tous ceux qui sont de mon état,
S'étant voués aux lois du célibat ;
Pour toi le temps que tu seras sur terre,
C'est pour peupler le royaume des cieux ;
Fuis toute fois l'inceste et l'adultère.
Quant à l'enfer qui te paraît douteux,
Il en est un, quoiqu'on en puisse dire,
Je voudrais bien t'y mener pour t'instruire,
Mais Lucifer, plus rusé que Pluton,
Craignant toujours quelqu'indiscrétion,
A tout mortel a fermé son empire.
Pour revenir à ma narration ;
A Lucifer j'expliquai ma torture ;
Quoique grand prince, on l'aborde aisément,
Je le priai d'adoucir mon tourment,
En me tirant de cette forfaiture,
Que j'aimais mieux vivre avec les démons
Qui paraissaient mille fois plus affables
A mon égard, que n'étaient mes semblables.
Il exauça mes supplications,
Même il me crut si propre à son service,
Qu'en ce manoir il me donna l'office

De recevoir le pacte des sorciers.
Et d'expliquer aux devins le grimoire.
Je sortis donc de la caverne noire
Et je revis mes antiques foyers.
Un meilleur sort flattait mon espérance,
Je crus trouver en ce séjour de paix,
D'un doux repos l'aimable jouissance,
Mais vainement, car la concupiscence,
Vint m'y poursuivre encor plus que jamais,
L'enfer sur moi conservant sa puissance,
Par le pouvoir de ses enchantements,
Fit en ces lieux renaître mes tourments ;
Mon successeur (1), par l'amour en démence,
Au lit d'hymen se livrant au combat,
Sut s'affranchir des lois du célibat ;
Adieu l'autel et les cérémonies,
On entendit, au lieu des litanies,
Chanter d'amour les charmes séduisants.
Chaque jour vit de nouveaux changements ;
L'autel, les saints, tout fut mis en séquestre (2)
La nef servit à loger des tonneaux,
Le réfectoire augmenta de fourneaux,
On transforma le pupitre en orchestre
Pour y placer un nouvel Amphyon ;
A ses côtés, au son d'un violon,
On vit danser une jeunesse impie,
Tandis qu'auprès, Bacchus dans une orgie,
Le verre en main rassemblait ses sujets,
Et qu'à l'écart l'amour dans ses filets,
Avec Colin faisait tomber Sylvie,
Pour les livrer à ses plaisirs secrets.

(1) Chacun sait que l'abbé Le B...., qui desservait cette chapelle, s'est marié.
(2) L'établissement de la guinguette qui y a subsisté plusieurs années.

Mais ce qui plus augmenta ma torture,
Ce fut de voir en cette grotte obscure,
A chaque instant, ces amants scandaleux,
Venir goûter leurs plaisirs sous mes yeux.
La ruine enfin, fruit du libertinage,
De ce séjour, par son aspect hideux,
Fit envoler les amours et les jeux ;
Et ces bosquets, dont le sombre feuillage
Servait de voile aux plaisirs des amants,
Sont devenus d'effroyables retraites,
Où, jour et nuit les corbeaux, les chouettes,
Font rentir leurs sinistres accents. »

— « De vos tourments l'heureux terme s'avance,
Dit Paillardon, regardant son auteur ;
De cet enclos le dévot possesseur (1)
Rétablira l'autel en décadence,
Et lui rendra son antique splendeur ;
La piété, par ses saints exercices,
Saura bannir l'horreur de sa maison ;
Vous aurez part aux vœux, aux sacrifices,
Et vos péchés obtiendront leur pardon. »

— « Mon cher enfant, ta pitié m'est sensible,
Répond l'abbé, mais il est impossible
Qu'on puisse rendre au culte des autels
Un lieu souillé par des plaisirs charnels ;
L'enfer ici fixant ma résidence,
Pour prolonger à jamais ma souffrance,
Y produira des désordres sans fin,
Tel me l'apprend le livre du Destin. »

(1) Guillaume Le B..... l'a inutilement rétablie.

— « Ah ! puisqu'ainsi, lui répartit Grégoire,
Dans l'avenir tout vous est dévoilé,
Daignez, pour moi, consulter le grimoire
Touchant l'objet qu'un coquin m'a volé. »

Soudain l'abbé s'approchant du pupitre,
Rapidement parcourut un chapitre,
Puis se tournant vers son cher auditeur :

— « Le sort, dit-il, prononce en ta faveur :
Dans le Maupas (1), au retour de la fête,
Ce cher bijou deviendra ta conquête,
De ses plaisirs, le petit Cupidon
T'enivrera dans ce charmant bocage ;
En attendant, viens voir l'heureux partage
Qui t'est promis. » A l'instant Paillardon
Suit son patron qui tient une bougie,
Ils sont entrés dans une galerie
Où l'art magique offrait partout aux yeux,
Des tableaux, faits si bien d'après nature,
Que Raphaël en eût fait sa torture :
Là, figuraient les illustres aïeux
De mon héros, et leur riche apanage ;
Vers le milieu d'un riant paysage,
En perspective on voyait deux côteaux,
De hauts sapins leur cîme était ornée,
Dont le lointain rapprochait les rameaux
Sur le penchant qui formait la vallée ;
L'œil se perdait dans des sentiers sans fin
Que la charmille et le souple jasmin,
Artistement formaient en labyrinthe ;
Et par les soins d'un adroit jardinier,

(1) Vallon situé près la montagne du Roule, qui est remarquable par son ensemble pittoresque.

Le thym, l'œillet, la rose, l'hyacinthe,
Le romarin, le myrte, le laurier,
De cet ensemble ornait la symétrie
Au fond était une verte prairie
Où serpentait doucement un ruisseau
Qui descendait des jardins d'un château,
S'offrant au bout du double amphithéâtre,
Où l'on voyait de superbes jets d'eau
Que produisaient des nayades d'albâtre,
Rivalisant les marbres de Puget (1).
Mais du château décrire la façade,
Ses hauts donjons, sa riche colonnade,
Sa vaste cour, qu'enferme un parapet,
Son pont-levis, sa douve et son portique,
Serait quitter trop longtemps mon sujet.

— « Mon fils, tu vois ce séjour magnifique
Que la nature et l'art ont façonné,
Dit le pasteur à Grégoire étonné ;
Là tes aïeux faisaient leur résidence ;
Tous les plaisirs qu'enfante l'opulence,
De ces seigneurs embellissaient la cour ;
Les villageois des hameaux d'alentour,
Enveloppés d'une épaisse ignorance,
Les croyaient faits d'un autre limon qu'eux ;
Ils demandaient à Dieu, dans tous leurs vœux,
Qu'il accordât une longue existence,
Beaucoup d'honneur et de prospérité,
A ces mortels qui daignaient les instruire,
Les protéger, au salut les conduire,
Qu'il leur avait donnés dans sa bonté ;
Chacun voulant se les rendre propices,
De tous ses fruits leur portait les prémices,

(1) Fameux statuaire.

En s'acquittant des devoirs féodaux,
On remplissait leurs greniers, leurs caveaux ;
Aucun n'était exempt de servitudes ;
Les uns c'était à moissonner leurs grains,
Faucher leurs prés, cultiver leurs jardins ;
D'autres, livrés à des travaux plus rudes,
Dans la forêt allaient couper le bois,
Le fagoter, en faire les charrois ;
Il en était qui, pour fournir la table,
Passaient les nuits à pêcher sur l'étang ;
D'autres battaient la douve à chaque instant
Pour empêcher le bruit épouvantable
Qu'en coassant les grenouilles faisaient,
Quand du château les maîtres sommeillaient.
Ainsi, mon fils, tout flattait l'indolence,
Servait les goûts, respectait la puissance
De ces barons très hauts et très puissants :
Le jeu, la chasse et la galanterie,
Hors de la table, était leur passe-temps ;
Ils oubliaient souvent leurs seigneuries
Quand ils trouvaient Fanchon dans la prairie,
Pressant son lait et menant ses bestiaux,
Ou bien Colette en gardant ses troupeaux ;
Jamais pour eux il n'était de rebelles,
Mais s'ils étaient doucereux près des belles,
Avec rigueur ils soutenaient leurs droits ;
A leurs sujets ils faisaient quelquefois
Par leurs valets donner les étrivières,
Et renfermer dans leur plus noir donjon,
Ou très souvent condamner aux galères
Celui d'entr'eux qui, même sur ses terres,
Avait détruit soit lapin ou pigeon
Qui jour ou nuit dévastait sa moisson. ».

— « Quoi ! la noblesse était aussi hautaine,
Dit Paillardon, envers ces malheureux,
Sans nuls égards aux biens qu'on tirait d'eux ?
S'il faut ainsi traiter l'espèce humaine
Pour son bonheur, je crois qu'on a grand tort,
Il vaudrait mieux laisser l'homme à son sort
Que de lui faire une telle existence. »

— « Tais-toi, mon fils, cette sotte indulgence,
Dit le pasteur, admet l'égalité ;
Si l'on mettait un peuple en liberté,
Que deviendraient les rangs et la naissance ?
Tous ces manants, sortant de l'ignorance,
Demanderaient la réforme des lois,
Et que d'entr'eux on prît les plus capables,
Pour balancer l'autorité des rois,
Tous les seigneurs, au mépris de leurs droits,
Verraient leurs serfs devenir leurs semblables
Et posséder d'immenses revenus ;
Du droit divin on détruirait l'ouvrage,
Et désormais on ne rendrait hommage
Qu'au vrai mérite, aux talents, aux vertus ;
Nul ne serait titré par sa naissance
Si de son père il n'avait la vaillance ;
Les roturiers, devenus opulents,
Riraient de voir les nobles indigents
Sans un valet pour faire leur cuisine.
Eh ! diraient-ils, ces pédans orgueilleux
Sont-ils issus de si haute origine
Que le travail les rende si honteux ?
S'ils ont des mains c'est pour en faire usage :
Achille, au moins cent fois plus noble qu'eux,
Au camp des Grecs faisait bien son potage,
Sans cesser d'être un héros aux combats.
On irait dire au nez de nos prélats,

En se moquant des mitres et des crosses,
Vous possédez des chevaux, des carrosses,
Vous habitez de superbes palais
Et commandez à de nombreux valets ;
Du Rédempteur est-ce offrir une image,
Lui qui n'avait ni cuisinier ni page,
Qui préférait à la pompe des rois
Du paysan la modeste cabane ;
Enfin, à qui l'on ne vit qu'une fois
Une monture, encore était-ce un âne :
Et vous prêchez toujours dans vos sermons
Que tout chrétien doit suivre ses leçons.
Mais les premiers donnez-nous en l'exemple,
Quittez ces biens, ce luxe, ces grandeurs,
Et cet aspect qu'en tremblant l'on contemple ;
Montrez-vous tels que ces humbles pêcheurs,
Qui de leur maître enseignaient la doctrine :
Ne faites plus de cette loi divine
Un piége adroit pour un peuple borné,
Qu'à vous servir vous aviez condamné.
Voilà, mon fils, la morale indocile
Que répandrait cette caste servile,
Qui chercherait à s'égaler aux grands.
Que celui donc qui brille aux premiers rangs
Pour son maintien sache donner des chaînes,
S'il ne veut voir ses serviteurs grossiers
Devenir tels que ces fougueux coursiers
A qui le guide a détaché les rênes,
Et qui, sans frein, courant à tout hasard,
Font culbuter le maître avec le char.
D'un tel abus évite la disgrâce,
A cet égard imite tes aïeux,
Seul rejeton de cette illustre race,
Leurs nobles traits sont empreints sur ta face ;
Tu deviendras aussi célèbre qu'eux.

Ainsi, mon fils, ce superbe héritage
Qui réunit tant d'agréments divers,
Va dans l'instant devenir ton partage ;
Un jour l'histoire, en prose comme en vers,
De ta grandeur fera mille chroniques ;
De toi naîtront mille fils héroïques,
Dont la valeur bravera le trépas
Pour illustrer ton nom en cent climats.

Déjà le cœur enflammé par la gloire,
Paillardon crut, qu'au milieu des guerriers,
On le verrait couronné de lauriers ;
Mais il craignait que quelqu'un dans l'histoire
Ne mît sous lui son sac et son mulet.
Comme ce soin l'occupait en secret,
Il aperçut son voleur de crinière
Qui s'évadait du fond de la tanière
Et qui prenait le chemin du Maupas :
« Traître, dit-il, ta lâche perfidie
Ne peut longtemps demeurer impunie,
Tu vas sentir la force de mon bras » !
Il court après, l'atteint et le terrasse,
Les coups de poing lui tombent sur la face :
Tel Sénéchal (1), la fleur des forgerons,
A son accord fait tomber sur l'enclume
Les coups hâtés de ses noirs compagnons.
Le villageois qui de fureur écume
Et de son long étendu sur le dos,
Par un effort culbute mon héros,
Et dans ses dents il lui serre une oreille
Dont la douleur en sursaut le réveille ;
Mais il demeure on ne peut plus surpris
De ne voir plus son abbé Paillardis,

(1) Sénéchal, l'un des principaux maîtres forgerons de Cherbourg.

Et se trouver au milieu de la grotte
Où tout-à-coup son voleur de calotte,
Qui le tirait toujours par son Malchus,
Devient Eustache à ses regards confus.

FIN DU SECOND CHANT.

CHANT TROISIÈME.

Quand le marin, sur la mer en furie ;
Vers des écueils emporté par les vents ;
Et de la pluie assailli par torrens,
Croit chaque instant le dernier de sa vie :
De son état le spectacle est affreux,
La mort pour lui paraît inévitable,
Il lève au ciel un regard pitoyable :
Mais quand Phébus, de la voûte des cieux ;
Par ses rayons vient contraindre à la fuite
Le vieux Borée et ses fils vagabonds,
Et qu'aussitôt, sur le sein d'Amphitrite,
Règne Zéphir au lieu des Aquilons :
L'espoir alors ranimant le courage
Du nautonnier échappé du naufrage,
Lui fait soudain oublier tous ses maux,
Et le conduit au fortuné rivage
Où le bonheur doit payer ses travaux.

Tel le plaisir, après tant d'aventures,
De mes héros finira les tortures ;
Car Cupidon, qu'ils feront triompher,
De leurs revers doit les récompenser.
Mais avant tout il est bon que je dise
De Paillardon quelle fut la surprise,

En ce moment de rage et de fureur,
Les poings meurtris de frapper contre terre,
Lorsqu'il revit, au lieu d'un adversaire,
De son ami l'aspect consolateur.
« Est-ce bien toi, dit-il, cher la Ripaille,
Le ciel enfin te rend-il à mes vœux ?
Vois, mon ami, quel accident fâcheux
M'est arrivé sur le champ de bataille !
Les villageois, cette infâme canaille,
S'étant sur moi jetés par trahison,
Aux yeux de tous m'ont ravi ma toison ;
Vit-on jamais pareille catastrophe ?
Parmi ces bois j'ai fui comme un poltron,
Sans m'exposer au destin d'Absalon,
Pour y cacher ma honteuse apostrophe.
Oh, que le sort a pour moi de rigueur !
Quand du plaisir tout goûte ici les charmes,
Il n'est que moi, victime du malheur,
Pour qui ce jour soit compté par des larmes.
Un tel affront est pour moi révoltant !
Oui, je voudrais que la mort à l'instant
Vint m'affranchir de cette ignominie !
Il n'est que toi qui m'attache à la vie.
Mais dis-moi donc qui peut t'avoir instruit
Que je m'étais caché dans ce réduit ? »

Notre guerrier qui ne songeait qu'à boire ;
Et que la soif commençait à piquer,
Répond ainsi pour consoler Grégoire,
Dans l'assemblée espérant l'entraîner :

« O mon ami, quand j'ai su cet outrage,
Il fallait voir par quel affreux carnage
Je punissais tes lâches ravisseurs ;
Rien ne pouvait arrêter mes fureurs.

La fête allait bientôt être déserte,
Lorsque la garde, ayant juré ma perte,
Est accourue au fort du carillon ;
J'ai par ma fuite évité la prison ;
De te revoir je perdais toute attente,
Lorsque j'ai vu la vieille nécromante
Qui m'a prédit qu'en un profond sommeil
Je te verrais en cette grotte obscure,
Et qu'il fallait, pour charmer ton réveil,
Te répéter qu'une heureuse aventure
Doit ce soir même accomplir nos projets
En te rendant l'objet de tes regrets.
Juge à ces mots de mon impatience !
Tout transporté j'accours à ce réduit,
Et je t'y trouve ainsi qu'il m'était dit.
De la sybille admirons la science,
Accomplissons au plutôt sa sentence ;
Viens, mon ami, si pour m'être absenté
J'ai donné lieu que l'on t'ait insulté,
Je veux moi seul réparer cette offense ;
Tu vas me voir tomber sur ces poltrons ;
Mais à propos que veux-tu que j'en fasse ?
Veux-tu les voir de sang rougir la place ?
Ou bien veux-tu, qu'après mille pardons,
Ils soient contraints à nous payer à boire ?

— « Tu rêves donc, interrompit Grégoire,
Crois-tu qu'on peut aux yeux de tant de gens
Exécuter de pareils traitements ?
D'agir ainsi donnons-nous bien de garde,
Soyons prudents, de l'être j'ai sujet,
Désiste-toi, mon cher, de ce projet
Qui nous ferait conduire au corps-de-garde.

D'ailleurs crois-tu que je sois assez fou
Pour retourner encor dans l'assemblée,
Voir après moi la canaille amassée,
Ainsi qu'on voit dans son vol un coucou
Environné d'oiseaux qui le honnissent ?
Ah, que plutôt mes jours ici finissent !
Je crains bien trop qu'on me voie en un lieu
Où ma défaite a donné si beau jeu.
Ce n'est point là ce qu'il faut entreprendre,
J'ai sur ce point quelque chose à t'apprendre,
Par qui l'on peut obtenir les faveurs
Dont la sybille a vanté les douceurs ;
Tantôt, en songe au fond de la tannière,
Je poursuivais mon voleur de crinière,
Lorsqu'un salon s'est offert à mes yeux,
Où j'ai trouvé d'abord pour compagnie,
A la clarté d'un serpent lumineux,
Sur le plafond des signes de magie,
Et sur les murs de grands portraits hideux
Offrant des traits de l'infernale histoire ;
J'ai voulu lire en un certain grimoire
Qui par hasard sous ma main a est tombé,
Quand tout-à-coup vers moi certain abbé
S'est approché, me tenant ce langage :
« Tu vois en moi l'oracle du destin,
Je suis ton père et dans cet ermitage
Tu fus le fruit d'un amour clandestin ;
Ta mère était d'une très-noble tige,
Pour toi ses biens sont restés en litige,
Mais comme il faut, pour établir tes droits,
De tes aïeux l'antique chevelure,
Dans le Maupas, ce soir par tes exploits,
Tu l'obtiendras dans certaine aventure

« Où Cupidon a pour toi préparé
Ses doux plaisirs à l'ombre du feuillage. »
M'ayant conduit en un lieu retiré,
Il me montrait le brillant héritage
De qui j'allais être le possesseur,
Lorsque j'ai vu s'échapper de la grotte
Le ravisseur de ma pauvre calotte,
Qui dans les bois courait comme un voleur.
Pour me venger et réparer ma perte,
J'ai du coquin vaincu la fuite alerte,
Et de mon bras il sentait la vigueur
Quand ta présence a détruit mon erreur.
Ceci, mon cher, quoique n'étant qu'un songe,
A notre affaire a trop d'affinité
Pour que ce soit un futile mensonge,
D'ailleurs j'y vois beaucoup de vérité,
Car j'entendais dire dans mon enfance
Qu'un moine était l'auteur de ma naissance ;
De plus en moi j'ai de la vanité,
Ce qui d'un noble est encor l'apparence ;
Mais si je suis de haute extraction,
Voici l'instant d'en signaler la preuve,
Et le pouvoir de ta protection
Va dès l'instant être mis à l'épreuve ;
L'embarras seul est de cacher aux yeux
Mon front tout nu dont je suis si honteux.

Oh, de cela je connais le remède,
Lui dit Eustache, arrivant à son aide,
Par un bonnet qu'avec précaution
Il avait soin de mettre dans sa poche
Toutes les fois qu'il allait en bamboche :
« Tiens, couvre-toi, dit-il, cher Paillardon,
Et sois certain qu'en cette circonstance
Mon bras pour toi va prouver sa puissance ;

De ces coquins si je n'abats l'orgueil,
Je jure ici de souffrir qu'on m'empale,
Et qu'à jamais la carcasse infernale
De Lucifer me serve de cercueil. »

Tel la Ripaille exalte son office,
Prêt à marcher s'il le faut au supplice
Pour la bouteille ou venger son ami,
Quand Paillardon, par ces mots raffermi,
Ayant coiffé le bonnet de police,
Vers le Maupas guide son compagnon.
Tous deux allaient d'un courage intrépide,
Tel que l'on vit aux rives de Colchide
Marcher jadis le superbe Jason,
Lorsqu'il allait conquérir la toison ;
Même conquête excite leur envie,
L'amour aussi sera de la partie ;
Ils sont enfin arrivés sur le lieu
Où l'on verra jouer la tragédie.
Dans un buisson chacun armé d'un pieu
Entre aussitôt pour mieux cacher son jeu.

Si mes transports égalaient ceux d'Homère,
Quand il nous peint le maître du tonnerre
Au mont Ida dans un piége amoureux,
Je chanterais en vers harmonieux,
En ce vallon, asile du mystère,
Comment l'Amour fit triompher ses feux :
Tous les oiseaux de ce charmant bocage
A mes accords prêteraient leur ramage,
Et son ruisseau, bordé de tapis verts,
Y mêlerait aussi son doux murmure ;
Et ses rochers, couronnés de verdure,
Retentiraient de mes tendres concerts.

Vallon charmant, et vous bosquets champêtres,
Je ne viens plus, ainsi qu'en mon printemps,
Lorsque l'amour charmait tous mes instants,
Graver ici, sur l'écorce des hêtres,
Les noms chéris de l'objet enchanteur
Qui seul avait tous les vœux de mon cœur.
Ce temps n'est plus, les charmes du bel âge
Ont fui pour moi ; que n'ai-je l'avantage
De rajeunir comme vous tous les ans ;
Dans vos sentiers, chaque jour dès l'aurore,
Je me plairais à m'égarer encore ;
Mais puisqu'ici tout n'est que pour un temps,
Sans murmurer laissons passer la vie ;
D'ailleurs, si l'âge emporte nos plaisirs,
En même temps la nature affaiblie
Sait modérer le feu de nos désirs.

Dans l'assemblée on vit approcher l'heure
Où chacun doit rentrer à sa demeure ;
Les citadins du suprême bon ton,
Voyant Phébus au bord de l'horizon,
Abandonnaient le boulevard du Roule ;
Ces gens n'y vont qu'à dessein d'y briller,
Voir l'assemblée et n'y rien acheter.
Mais après eux restait encor la foule
Des digérants, amateurs de plaisirs,
Dont la plupart, craignant la mort subite,
De leur argent se défont au plus vite,
Pour satisfaire un moment leurs désirs.
On en voyait, transportés d'allégresse,
Le pot en tête et le verre à la main,
Boire à rasade et chanter un refrain ;
D'autres étaient, par un excès d'ivresse,
Sans sentiment, sur la terre étendus
Près des objets dont ils s'étaient repus.

Pour dissiper leur sommeil léthargique,
Et s'attirer la pratique à grands flots,
Les débitants de la liqueur bachique,
A tour de bras frappaient sur leurs tonneaux;
Et dans sa tente, entouré de la presse,
Brisset donnait preuve de sa souplesse
Pour écouter tous les commandements ;
En cent endroits servir avec vitesse,
Et puis calmer les esprits turbulents
Qui pour payer font les récalcitrants.
En ce moment, les marchands les plus sages,
Pour s'en aller faisaient leurs détalages ;
Ils agissaient, en cela, prudemment;
Car, sur le soir, il arrive souvent
Qu'à se sauver, si l'on n'était point leste,
On recevrait de bons coups sur sa veste,
Et par la garde on se verrait conduit
Au violon, pour y passer la nuit.

Il faut savoir qu'au moment du carnage
Où la Ripaille et Guilmot faisaient rage,
Les villageois, à la garde échappés,
Avaient porté leurs pas précipités
Dans un jardin (1), au pied de la montagne,
Dont les berceaux, de myrte tapissés,
Ont vu cent fois l'amant et sa compagne
Venir goûter des plaisirs dérobés.
Là, confondus parmi la foule immense
Qui se livrait aux plaisirs de ce jour
Ils contemplaient le luxe et l'élégance,
Les jeux, les ris, les festins et la danse,
Dans ces bosquets consacrés à l'Amour.

(1) La guinguette du Jardin-d'Amour.

Enfin, l'instant de rentrer au village
Est arrivé : nos deux couples d'amants
Ont à regret quitté ces lieux charmants,
Et par malheur ils vont sur le passage
Où mes grivois tressaillent de les voir,
Se disposant à les bien recevoir.

En cheminant ils jasaient à leur aise,
Sur leur victoire et leur butin fameux :

— Tu devrais bien, dit Lucas à Nicaise,
Pour l'amitié qui règne entre nous deux,
M'abandonner ta part de la crinière ;
Elle est pour toi d'inutile valeur,
Tandis que moi, qui vais au presbytère
Couper la barbe à notre vieux pasteur,
J'en ornerais sa chevelure grise. »
— « Tout beau ! dit l'autre, avec l'air de surprise,
Moi qui désire être un jour son bedeau ;
J'aime bien mieux lui faire ce cadeau. »

— « Point tant de bruit, dit l'aimable Suzette,
Si vous avez, par mon occasion,
De cet objet obtenu la conquête,
C'est moi qui dois vous en faire raison ;
Restez ici : je vais à ce buisson
Qu'on voit là-bas suspendre la toison ;
Elle sera le prix du plus agile :
A mon signal partez en même temps. »
On applaudit ; déjà nos prétendants
Ont l'œil au guet et l'oreille subtile ;
Enfin, Suzon a donné le signal ;
Les concurrents, par un courage égal,
Partent soudain, tel qu'un coursier rapide,
Qui disparaît sous la main qui le guide.
Ainsi nos gens, déployant leur vigueur,
En moins de rien ont parcouru l'arène,

Et, fatigués, pâles et hors d'haleine,
Ils sont au but, et Nicaise est vainqueur.
Comme il allait détacher la crinière,
Mes guet-à-pens s'élancent des buissons,
Instrumentant de leurs estramaçons,
Et sous leurs coups, les villageois à terre,
Sont accablés par d'affreux horions.
Par de hauts cris, les sensibles bergères
Plaignent le sort de leurs amants sincères,
Dans les buissons elles vont se cacher,
Croyant se mettre à l'abri du danger.
Durant ce temps, sur le champ de bataille,
Lucas sentait les poings de la Ripaille ;
Nicaise était tombé sous Paillardon,
Qui sans pitié lui travaillait la nuque,
Quoiqu'il rendît la fatale perruque,
Croyant par-là mériter son pardon.
Enfin, lassés d'épuiser leur colère,
Les deux vainqueurs lâchent les villageois,
Qui, tout couverts de honte et de poussière,
Prennent la fuite et courent dans les bois ;
Ainsi qu'un chien lâché par la canaille,
Qui traîne en queue une vieille ferraille,
Et va, fuyant à pas précipités,
Mille cailloux qui sur lui sont jetés.

Comme ils cherchaient leur salut dans la fuite,
Le premier soin de l'heureux Paillardon
Fut de revoir sa perruque au plus vite,
Dont il faillit en perdre la raison :
— « Ah je la tiens ! dit-il, la riche proie
Qui des grandeurs doit m'aplanir la voie ;
Réjouis-toi de mon parfait bonheur,
Cher la Ripaille, et crois que sur mon cœur

La vanité n'aura jamais d'atteinte,
Comme au passé je t'aimerai sans feinte ;
Mais poursuivons, le plaisir nous attend,
Il doit venger l'affront de l'assemblée ;
Je te promets, après cette corvée,
Le meilleur vin, le mets le plus friand,
Café, liqueurs, eau-de-vie anisée,
Bière du Febvre (1), en tous lieux si prisée,
Et quelque soit, au surplus, ton désir,
Jusqu'à demain je t'en ferai jouir. »

Il dit, soudain le vaillant la Ripaille,
Qui comme on sait ne cédait point son tour,
S'il s'agissait du plaisir de l'amour
Ou de vider quelque bonne futaille,
Marche en héros à l'expédition ;
Ils ont bientôt trouvé les fugitives
Qui se cachaient à l'ombre d'un buisson ;
Sur l'avenir ces belles fort craintives,
La larme aux yeux leur demandent pardon.

— « Séchez vos pleurs, nos gentes bocagères,
Leur dit Grégoire, affectant la douceur,
Car, s'il fallait, pour conquérir un cœur,
Soins attentifs, soupirs, larmes, prières,
Il était sûr d'en être le vainqueur :
Jeunes beautés dissipez vos alarmes,
Ne craignez point notre sévérité ;
Si les amants qui courtisaient vos charmes
Ont succombé sous l'effort de nos armes,
Les arrogants l'avaient bien mérité ;
De votre sort cessez donc de vous plaindre,
Auprès de nous vous n'avez rien à craindre,
Car par vos yeux l'Amour nous a rendus
A vos genoux désarmés et vaincus.

(1) M. Lefebvre, brasseur de bière, à Cherbourg.

Non, vos attraits, ô beautés adorables !
Ne sont point faits pour de lourds villageois,
C'est nous de qui Cupidon a fait choix
Pour posséder vos amours favorables ;
Sans murmurer conformez-vous aux vœux
D'un dieu puissant qui va nous rendre heureux ;
Nous vous jurons la plus vive tendresse
Que vous puissiez exiger d'un amant,
Accordez-nous aussi même promesse,
Que vos faveurs en soient un sûr garant ».

 A ce discours, quoique pressant et tendre,
Nos deux Iris ne voulaient point se rendre,
Mais leurs refus étaient hors de saison,
L'Amour avait préparé leur défaite,
Et des vainqueurs les rendant la conquête,
Il leur fallut, pour payer leur rançon,
Remplir l'objet de la prédiction.

 On se prêtait donc à la circonstance,
Et mes héros agissant d'importance,
De leur destin corrigeaient la rigueur ;
Mais au moment qu'ils goûtaient le bonheur,
On entendit venir en diligence
Des gens battant tous les sentiers du bois ;
Les estafiers croyant pour cette fois
Qu'ils allaient voir contre eux tout un village,
Prennent la fuite à travers le taillis,
Pour se cacher à l'ombre du feuillage,
Abandonnant leurs charmantes Chloris,
Qui, se couvrant d'une feinte innocence,
A haute voix demandaient assistance.
Pauvres brebis, hélas, que faites-vous !
Pour vous venger, vous appelez des loups ;

Le mal était préférable au remède,
Car ce renfort, arrivant à votre aide,
Sont six soldats attirés par vos cris,
Fameux guerriers aux combats de Cypris.

Votre air timide, ô belles isolées,
Augmente encor les ardeurs effrénées
De ces nouveaux et barbares vainqueurs :
Arrêtez donc, farouches séducteurs !
Que vous sert-il de perdre la jeunesse
Pour assouvir votre brutale ivresse ?
Vous ne songez qu'à corrompre et jouir !
Aussi l'hymen saura vous en punir,
Vous nantissant de quelque gourgandine
Qu'un autre aura débauchée à son tour.
Mais attendez, préparez votre échine,
Je vous promets qu'avant la fin du jour,
Vous qui venez pour mettre le désordre,
Que vous aurez bien du fil à retordre ;
Il vous faudra payer les pots cassés,
Car l'amour coûte avant ou bien après,

Las de courir, rentrant à leur village,
Les jouvenceaux font un affreux tapage,
Et le récit qu'ils font de leur malheur
Porte partout la rage et la fureur ;
Soudain on voit force gens se débattre ;
On se rassemble, on s'arme pour combattre,
Tel que l'on vit naguère au Gévaudan,
De ses foyers sortir le paysan,
La fourche en main ou bien la faux tranchante,
Pour assaillir cette bête effrayante
Qui dans les champs dévorait les troupeaux ;
Armés ainsi, sortant de leurs hameaux,
Les villageois courent comme au pillage,
Impatients d'exercer leur courage,

Et précédés de Nicaise et Lucas,
Ils vont cerner le vallon du Maupas.

Le jour baissait, mais la nuit sous ses voiles
Ne faisait point encor briller d'étoiles,
Car le soleil sur le sommet des monts,
Jetait encor quelques derniers rayons.
Le villageois appercevant les drilles,
Les qualifie en ces mots insultants :

— « Vous voilà donc alarme des familles,
Grands ravisseurs, infâmes chenapans,
Qui sur la route attaquez les passants ;
Si par nos soins nous élevons des filles,
Est-ce pour vous, dangereux garnements !
Quand par malheur quelqu'une vous écoute,
Vous lui mettez sa pudeur en déroute ;
Vous l'excitez à vendre ses jupons,
La renvoyant couverte de haillons ;
Ou, l'emmenant au sortir du service,
L'ayant réduite au dernier des états,
Pour vous nourrir vous lui donnez l'office
De voyager le panier sous le bras,
Vendant du beaume ou de la mort-aux-rats.
C'est pour le coup, grands faiseurs d'embarras,
Que nous allons vous doubler la casaque »
Au même instant on commence l'attaque.
Nos grenadiers, pour résister au choc,
Et n'être point assaillis par derrière,
Grimpent soudain sur le sommet d'un roc,
Et font jouer rudement la rapière,
En défendant vaillamment leur terrain ;
Les deux partis s'animent au carnage,
Chacun donnant des preuves de courage,
Et du combat le sort est incertain.

De plus en plus le désastre s'augmente;
Et je ne puis, sans répandre des pleurs,
Vous retracer cette scène sanglante,
Des combattants dépeindre les fureurs,
Et des blessés la voix triste et mourante,
De qui les cris expriment les douleurs.

O toi, Maupas, retraite aimable et sombre,
Tu vis donner ce combat sous ton ombre ;
Tes rocs mousseux, témoins des premiers temps,
Ont retenti des cris des combattants ;
Ton clair ruisseau, formé par les naïades,
Qui va coulant parmi tes arbrisseaux,
Et dans les joncs termine ses cascades,
A vu le sang rouler parmi ses flots.
Tes dieux des bois, au premier bruit des armes,
Cessant leurs jeux, leurs danses, leurs amours,
Furent à Pan exprimer leurs alarmes,
Et la frayeur leur dicta ce discours :

— « Dieu des bergers, à quoi sert la promesse,
Que tu nous fis en quittant le Permesse,
Quand tu disais que ce lieu fortuné
Serait pour nous désormais destiné ?
Voilà que l'homme, animé par la rage,
Le fer en main attaque ce bocage ;
Faudra-t-il donc, ô puissant roi des bois,
En d'autres lieux fuir encore une fois » ?

Pan répondit, d'une voix consolante :
« Nymphes, sylvains, qui de ma cour brillante,
Fîtes toujours le plus bel ornement ;
Pour m'écouter calmez-vous un moment :
Lorsque les bois d'une immense étendue
Environnant ce bocage sacré

Eurent fait place au soc de la charrue,
Ce vallon fut notre asile assuré ;
Quoique partout l'homme cherche à détruire,
Il doit ici respecter mon empire,
Car la nature a destiné ces lieux
Pour y fixer et mon culte et vos jeux. »

Ainsi dit Pan, et la nymphe légère,
Du faune ardent excitant les désirs,
Fut de nouveau danser sur la fougère,
Pour ranimer les amoureux plaisirs.
Mais laissons Pan et ses nymphes agiles,
Et revenons aux guerriers valeureux,
Qui s'escrimaient contre un peuple nombreux,
Ainsi qu'on vit jadis, aux Thermopyles,
Léonidas et ses Grecs si fameux.

Les villageois croissant toujours en nombre,
Allaient enfin dans le royaume sombre
Précipiter ces braves Sarpédons,
Si mes grivois au travers des buissons,
De leurs rivaux voyant le sort funeste,
N'eussent daigné leur épargner le reste,
En les tirant de ce dangereux pas :

— « Non, je ne puis, dit le grand la Ripaille,
Voir sous les coups d'une vile canaille,
Exterminer d'aussi vaillants soldats ;
Eh ! qu'ont-ils fait qui soit donc si barbare ?
Ils ont goûté d'un mets que l'on défend,
Et dont comme eux tout le monde est friand ;
Voilà, ma foi, quelque chose de rare,
Pour mériter la mort qu'on leur prépare !
D'ailleurs, le fruit auquel ils ont goûté

Conserve encor sa forme naturelle ;
Car il ressemble au feu d'une chandelle
Où cent flambeaux empruntent la clarté,
Sans que sa flamme en paraisse altérée.
Que dirait donc cette caste effrontée,
Si de la guerre essuyant les fléaux,
Par les soldats d'une armée étrangère
Chacun voyait enlever ses troupeaux,
Et ses trésors, et la fille et la mère ?
C'est pour le coup qu'on connaîtrait l'appui
Des défenseurs qu'on maltraite aujourd'hui.
A leur secours volons, mon cher Grégoire,
Même il y va de notre honneur et gloire,
Car c'est pour nous qu'ils sont dans l'embarras ;
Dans l'assemblée allons chercher main-forte.
Il dit : soudain courant d'étrange sorte,
Jusqu'au lieu dit tous deux portent leurs pas ;
Là, par les sons d'une voix effrayante,
Dont les échos répètent les clameurs,
Ils ont bientôt répandu l'épouvante,
Et du Maupas retracé les horreurs.
Mille récits augmentent les alarmes ;
Le tambour bat, la garde sous les armes
Marche à grands pas vers le lieu du combat ;
La foule suit pour voir le résultat,
Et de Brisset on voit vider la tente ;
Tel, à Cherbourg, on voit dans l'Arsenal,
Quand le portier, de sa cloche bruyante,
Vient du repos annoncer le signal,
Chaque ouvrier, d'un plaisir sans égal,
Fuir du travail la charge fatigante,
Aussi joyeux que s'il courait au bal.
Là, le perceur déposant sa tarrière,
Cesse le trou qu'un tour eût achevé ;

Le charpentier, dont le bras est levé,
Au premier son pose sa hache à terre,
Impatient chez lui d'être arrivé ;
Hors des chantiers tout fuit à pas agiles,
Jusqu'aux gardiens, dont plusieurs en béquilles,
Quoique en danger de choir sur les pavés,
D'être au repos sont les plus empressés ;
Ainsi l'on vit les enfants de la treille
Abandonner le plaisir bacchanal,
Perdant le soin de vider la bouteille
Pour se livrer au torrent général ;
L'œil égaré, voyant tourner la terre,
Là maint buveur tombe dans la poussière,
Et son gosier venant à faire un rot,
Rend sur-le-champ ce qu'il a pris de trop.

L'air menaçant de cette caravane,
Des combattants arrêta la fureur ;
Les villageois, quittant le champ d'honneur,
Allaient chacun regagnant sa cabane,
Et les soldats évitant la prison
Qu'ils craignent plus mille fois que l'Averne,
Parmi les bois courent à leur caserne,
Sans s'occuper de Lisette et Suzon,
Qui, finement, durant tout ce tapage,
Avaient repris le chemin du village,
N'ignorant plus quel était le revers
Qui faisait voir le feuillage à l'envers.

FIN DU TROISIÈME ET DERNIER CHANT.

EPITRE

ADRERSÉE A M J. TRAVERS,

RÉDACTEUR DU JOURNAL L'ÉCHO DE LA MANCHE, DANS LEQUEL
IL AVAIT INSÉRÉ DE MES VERS QU'ON LUI AVAIT ENVOYÉS,
ET DONT IL M'ADRESSA UN NUMÉRO.

Monsieur le Rédacteur, avec reconnaissance,
Je reçois un Journal par votre complaisance,
Où quelque officieux a fait, sans mon avis,
Insérer de mes vers, ce qui m a fort surpris,
Ne les ayant point faits pour remplir la gazette,
Mais bien pour dissiper l'ennui de ma retraite,
Dans l'humble appartement où je tisse mon lin ;
C'est donc par vous, Monsieur, que j'ai, dès le matin,
L'honneur de recevoir l'accueil et la visite
Que me font chaque jour bien des gens de mérite,
Qui tous veulent savoir par quelle occasion
J'ai pu faire des vers sans éducation.

— « Si Goupil avait fait, dit l'un, quelques études,
Il eût pu se soustraire à des travaux si rudes ».
L'autre soutient que j'ai du savoir tant qu'il faut :
— « Goupil a des talents, dit-il, son seul défaut
Est de n'être connu d'aucun qui pût en faire
Un excellent commis ou bien un secrétaire ».

A peine ai-je entendu ces séduisants discours,
Qu'un autre vient me mettre au fait de ses amours,
Et voudrait, pour gagner le cœur de sa Sylvie,
Que je fisse en son nom quelque tendre élégie ;
L'un me demande une ode, un autre un triolet ;
Celui-ci veut surtout que je fasse un sonnet,
Que les vers en soient beaux, que l'idée en soit neuve,
Comme si mon esprit était à toute épreuve :
Moi qui dois, chaque jour, par mes soins assidus
Satisfaire aux besoins de six individus
Qui pourraient faire honneur à la table d'un carme.
Dès que je veux rimer ma femme fait vacarne :
— « Crois-tu donc, me dit-elle au fort de son sermon,
Que c'est à ce métier qu'on soutient sa maison ?
Exerce-toi plutôt à ce qui nous fait vivre ».
Cet avis me paraît si raisonnable à suivre
Que je laisse à qui veut l'art de faire des vers,
Qui pourrait me valoir quelque fâcheux revers ;
Encor ceux que j'ai faits sans nul dessein de nuire
Pourront-ils m'attirer quelques traits de satire,
Ou me mettre à l'index pour quelques mots badins
Qui pourraient ne pas plaire à des esprits chagrins.
Je crois, parmi leurs traits, démêler la colère
De plusieurs dont mes vers ont peint le caractère ;
Les amateurs de coqs, avec des yeux hagards,
Lancent déjà sur moi de farouches regards ;
Ces gens-là de leurs goûts ne veulent pas qu'on rie ;
Si de quelque meunier j'essuyais la furie,

Ou si le grand Desprez, de mes rimes outré,
Excitait contre moi tout son peuple altéré,
L'affaire pourrait bien devenir sérieuse.
Quand j'aurais de Samson l'arme victorieuse,
Pourrais-je être vainqueur de tant de Philistins,
Qui voudraient se venger aux dépens de mes crins,
Et même qui pourraient, dans leur fureur barbare,
M'envoyer, sans pitié, rimer dans le Tartare,
Ou bien, si vous voulez, dans le double vallon.
Mais quand, pour m'honorer, le divin Apollon,
Sur le plus haut du Pinde aurait marqué ma place,
Pourrais-je en cet endroit être exempt de disgrâce;
Chapelain voudrait-il m'y laisser en repos,
Moi qui de sa perruque ai coiffé mon héros ?
C'est ici, pour mon bien, qu'il faut que je demeure ;
Qu'au métier de rimeur je renonce sur l'heure,
Que je reste au logis pour plus de sûreté ;
Surtout durant le jour qu'on tient la Trinité ;
Ou que j'aille de loin, comme un autre Tantale,
Voir tous les mets exquis qu'en ce lieu l'on étale,
Et manger mon pain sec à l'odeur du rôti.
Mais quoi ! je resterais dans ma soif abruti,
Tandis que je verrais boire jusqu'à la lie !
Ma douleur, pour le coup, changerait en folie ;
Mais si le médecin qui viendrait m'en guérir
Fût un de ces docteurs que l'amour sait choisir
Pour envoyer aux eaux les belles amoureuses
Dont mes vers ont vanté les courses si joyeuses,
Et que, pour me punir de ma témérité,
Le cruel médecin, par les amants poussé,
M'envoyait chez Pluton faire le Démocrite.
— « Tout beau, dira quelqu'un, la crainte vous irrite ?
L'auteur qui veut goûter des moments de repos,
Qui craint la faim, la soif, quelques coups sur son dos,

Ne peut voir d'un laurier sa tête environnée,
Ni sauver de l'oubli sa haute destinée.
Le poëte qui cherche à s'immortaliser,
Ainsi que le soldat, doit à tout s'exposer ;
Chapelain, vous savez, a perdu sa crinière,
La faim, de Colletet raccourcit la carrière ;
D'autres furent bannis ou sont morts en prison.
Pour avoir quelquefois trop blessé la raison.
Vous n'avez pas encor mérité telles choses,
Au cas que les effets soient en raison des causes ;
D'aucun, dans vos écrits, vous n'attaquez l'honneur ;
Vos vers, quoique galants, ne sont pas sans pudeur ;
Aucun buveur, je crois, contre vous ne s'indigne,
Et Barafort, non plus, n'en vendra pas sa ligne.
Par vous le grand Desprez va devenir fameux,
Et jouir d'un succès au-delà de ses vœux.
Vos traits sur les meuniers sont pour la classe abjecte,
Mais dans ce corps d'état il en est qu'on respecte,
Et parmi ceux de qui vous faites le portrait,
Nul ne voudra pour lui que le tableau soit fait.
Sur les combats de coqs qu'avez-vous donc pu dire
Qui puisse mériter aucun trait de satire ?
Quant aux jeux du printemps que vous avez vantés,
Les amants à grand tort en seraient irrités,
Et si des médecins vous craignez la colère,
N'employez de ces gens jamais le ministère
Que quand vous croirez être au dernier de vos jours :
Consolez-vous, Monsieur, adieu, rimez toujours. »

LE

BOUQUET MANQUÉ.

Depuis longtemps Phylis, au jeu d'amour,
Du vieux Damon soulageait le martyre,
Mais tout-à-coup par un fâcheux détour,
Il a perdu ses feux et son délire.
Hélas ! disait la bergère en son cœur,
Que Cupidon est perfide et volage ;
Quand du plaisir il a fait son partage,
Bientôt il fuit, nous laissant la langueur ;
Que ne peut-on, dans le cours de sa vie,
Jouir sans fin d'un amoureux transport,
Et de plaisir l'âme toujours ravie,
Passer ainsi de la vie à la mort.
Pauvre Phylis, pour ménager la flamme
De ton amant dans ses vives ardeurs,
Il te fallait, en captivant son âme,
Lui ménager plus souvent tes faveurs ;

Car ton amant, lassé de ta présence,
N'attache plus de prix à tes appas,
Et, fatigué par trop de jouissance,
Fuit le plaisir qu'il goûtait dans tes bras.
Tels les petits d'une pauvre fauvette,
Qu'un oiseleur a prise en ses réseaux,
Sont dans le nid rongés par la disette,
Privés des soins qui calmeraient leurs maux.

Ainsi Phylis, encor dans la jeunesse,
Qui de l'amour sent la force des feux,
Ne reçoit plus, au fond de sa détresse,
De son grison le tribut amoureux.
On dit qu'un jour ce dieu lui mit en tête
De présenter à ce vieil engourdi
Quelque cadeau pour le jour de sa fête,
Qui réchauffât son amour refroidi.

Chez Lycidas, digne émule d'Apelle,
Elle s'adresse et lui parle en ces mots :
— « Peintre excellent dont je connais le zèle,
Servez ma flamme, exercez vos pinceaux ;
Vous connaissez Damon, notre vieux maître,
Il est atteint d'une froide langueur,
Je voudrais bien pouvoir faire renaître
Le feu d'amour qui s'éteint dans son cœur ;
Il faut me peindre un morceau qui le touche,
Vous le pouvez par vos rares talents ;
Je sais quel est le prix de votre touche,
Et vos tableaux sont tous intéressants.
Notre sujet doit être un coquillage :
Qu'il soit surtout de forme et de couleur
Tel que celui qu'on nomme pucelage ;
De ces objets il fut grand amateur :

De plus petits, formant une auréole,
De mon héros ressortiront l'éclat,
Et leur reflet sur sa double margeole,
Fera briller un léger incarnat ;
Mais c'est assez, vous avez du génie,
Et vous pouvez comprendre mes besoins :
Jusqu'à ce soir, travaillez je vous prie,
Et je saurai récompenser vos soins. »

Le blond Phébus qui porte la lumière,
A ses désirs marchait trop lentement ;
Elle eût voulu raccourcir sa carrière,
Pour voir briller Vénus au firmament.
Enfin la nuit, avec ses voiles sombres,
Cache l'état de l'astre radieux ;
Phylis se rend, à la faveur des ombres,
Chez Lycidas, qui doit combler ses vœux :
Soudain elle entre et veut voir cet image
Qui doit produire au cœur de son amant
Ces mêmes feux qu'il avait au jeune âge,
Et dont l'ardeur doit renaître à l'instant.

— « Montrez-le moi, dit la belle inquiète. »

— Il n'est point fait, lui répond Lycidas,
De mes couleurs j'ai chargé ma palette,
Et vous l'aurez demain, n'en doutez pas. »

— « Ah quel malheur ! dit Phylis consternée,
On ne doit plus compter sur vos serments ;
De son patron c'est demain la journée,
Passé ce soir, il n'en sera plus temps ;
Je désirais lui rendre mon hommage,
En lui faisant présent d'un beau bouquet,

Et j'y devais joindre ce pucelage
Pour rendre encore son cœur plus satisfait ».

Tout aussitôt, pour se tirer d'affaire,
Mon Lycidas lui dit en souriant :

— « L'original saurait bien mieux lui plaire,
Et dès ce soir faites-lui ce présent ».

— « A ma douleur, dit la belle affligée,
C'est procurer des secours superflus ;
Aux vains désirs je me vois condamnée :
Car, pourrait-on donner ce qu'on n'a plus ;
Ce beau présent que me fit la nature
Est disparu sans espoir de retour ;
Je ne puis plus le donner qu'en peinture,
Adieu plaisirs, il faut quitter l'amour.

L'HEUREUX SONGE.

Au temps qu'on m'empêchait de bâtir ma maison,
Que l'hiver de bien près m'annonçait sa saison,
Que mes matériaux périclitaient sur place,
Que dans mon voisinage on me logeait par grâce,
Que faute d'atelier j'étais dépratiqué,
Et qu'enfin, jour et nuit d'insomnie attaqué,
Je ne pouvais penser qu'aucun, dans la nature,
Eût l'esprit plus que moi réduit à la torture.
En ce moment Morphée, agitant ses pavots,
Vint par un calme heureux m'accorder du repos,
Et porter mon esprit, dans une rêverie,
Vers ces bords enchantés où la Prévalerie
Offre jusqu'au lointain ses côteaux spacieux ;
Son toît environné d'arbres majestueux,
Formant d'épais rideaux d'agréable structure,
Qui renferment des champs livrés à la culture :
Je suivais lentement, parmi les arbrisseaux,
La Divette, qui coule au pied de ces côteaux :

J'entendais en passant près des hameaux antiques
Les bergers s'égayer par leurs chansons rustiques,
Tandis que leurs Iris à part filaient leur lin ;
A ces chants se mêlait le tic-tac d'un moulin,
Et le cri des canards battant l'eau de leurs ailes,
Et les accents plaintifs des tendres tourterelles.

  Le tout me présentait un séduisant tableau (1),
Quant à mes yeux s'offrit un spectacle nouveau :
C'était des chastes sœurs la troupe réunie ;
Elles avaient quitté la Grèce, leur patrie,
Et cherchaient quelque lieu digne de leur séjour.
Les nymphes de ces bords, pour leur faire la cour,
Quittaient les bois, les champs, les rochers, les fontaines,
Et sur ces prés fleuris fêtaient leurs souveraines ;
Terpsichore en cadence animait leurs transports,
Qu'Erato secondait de ses joyeux accords.

  Ma présence, soudain fit éclater leur joie,
Mes sœurs, dit Erato, le hazard nous envoie,
Pour chanter ce beau jour, l'un de nos nourrissons :
Mortel approche-toi de nos doctes leçons,
Pénètre ton esprit, et que ta lyre enfante
Les jeux et les plaisirs de notre cour brillante ;
Vois former ces berceaux, ces guirlandes de fleurs ;
Les faunes, par respect, suspendant leurs ardeurs,
Seconder dans leurs soins les nymphes occupées
A nous cueillir des fleurs ; vois courir les nappées,
Les naïades aussi sortir de leurs roseaux,
Et pour nous égayer s'ébattre sur les eaux ;
A ce joyeux tableau, pour servir de bordure,
Peins ce charmant vallon tapissé de verdure

  (1) C'est de la vallée de Quincampoix qu'il s'agit ; elle est près de celle du Roule.

Où coule la Divette et ses flots argentés,
Qui forment dans leur cours ces îlots enchantés,
Où souvent les sylvains poursuivent les naïades.
Décris ce beau canal et plus loin ces cascades,
Dans ces rocs sourcilleux et de mousse couverts ;
Parmi ces bois touffus entends les doux concerts,
Des oiseaux amoureux c'est le tendre ramage,
Et les joyeux accords des bergers à l'ombrage,
Qui, couronnant de fleurs les Iris du hameau,
Dansent sous la coudrette au son du chalumeau.

Mais tu restes muet, pourquoi cette tristesse ?
Rappelle en ton esprit cette vive allégresse
Que tu me faisais voir au vallon du Maupas,
Lorsque tu célébrais les amoureux combats.

Elle dit, et ses sœurs, dans leur impatience,
D'entendre mon début, ordonnent le silence :
Soudain je vois cesser les danses, les plaisirs,
Tant de respect pour moi redouble mes soupirs ;
Syréné, qui savait le sujet de ma peine,
Syréné de ces bords était la souveraine ;
Sa beauté ravissante attirait les regards,
Se lève et parle ainsi : — « Déesses des beaux arts,
Si quelqu'un, ici-bas, révère vos mystères,
Et de suivre vos lois a fait des vœux sincères,
C'est ce pieux mortel, vous ne l'ignorez pas,
Nous l'avons vu cent fois ici suivre nos pas
Parmi ces arbrisseaux, épier en silence
Nos danses, nos chansons, en saisir la cadence,
Et puis nous étonner par des sons ravissants,
Qui semblaient émouvoir ces rochers menaçants.
Mais un triste accident vient d'enchaîner sa lyre
Et porter son esprit dans un sombre délire ;

L'hymen qui l'a comblé de ses fruits à foison,
Le mettait en besoin d'accroître sa maison ;
Mais à peine a-t-il mis la main à l'entreprise,
Qu'un certain maladroit, d'un coup de balourdise,
Avec l'autorité l'a brouillé tellement
Qu'on suspend sa bâtisse impitoyablement ;
Sa joie est dès l'instant passée ainsi qu'une ombre,
On le voit, tous les jours, d'un air rêveur et sombre,
De son foyer désert parcourir les débris,
Et chercher le couvert, la nuit, chez ses amis.
Déplorant les malheurs de ce nouvel Orphée,
Du Roule nous fuyons la rive désolée,
Pour détourner nos yeux d'un si triste revers ;
Muses, dont la puissance embrasse l'univers,
A l'un de vos sujets daignez être propices,
Qu'il puisse faire encor nos plus chères délices ;
De grâce, rendez-nous ce chantre infortuné,
Le seul qu'encore ici vous nous eussiez donné.

— « Nymphe consolez-vous, répondit Uranie,
Je sais que de tout temps la fortune ennemie
Contre nos favoris exerça ses rigueurs,
Mais qu'elle aille à son gré combler de ses faveurs
L'orgueil, la vanité, la stupide ignorance,
Nous pouvons surmonter son aveugle puissance :
Vous le verrez encor, votre chantre joyeux,
Errer dans ces bosquets, se cacher à vos yeux,
Des faunes, des sylvains célébrer les conquêtes,
Et redire aux échos vos chansons et vos fêtes. »
Puis à moi s'adressant, elle me parle ainsi :
— « Mortel, loin de ton cœur chasse ce noir souci,
Je vais de ton destin adoucir l'influence ;
Tes malheurs vont finir, j'en donne l'assurance.
Des commis trop oisifs n'attends plus les lenteurs,
Si tu veux de l'hiver t'épargner les rigueurs

Et te mettre à l'abri de toute intempérie,
Vas trouver, à Saint-Lo, Dan-de-la-Vauterie;
Lui seul peut mettre un terme à ton adversité ;
Cet administrateur est rempli d'équité ;
Du bien de son pays il s'est fait une tâche :
On le voit jour et nuit occupé sans relâche,
Le compas à la main, ou quelque autre instrument,
A mesurer les points de son département ;
Par d'utiles travaux faire fleurir les villes,
Tracer en cent endroits des routes plus faciles,
Et sur un sol ingrat, méprisé des saisons,
Porter l'agriculture et ses riches moissons.
Aussi, pour ses vertus, j'ai pris soin de sa gloire,
La Manche attestera ses travaux à l'histoire ;
Toi qui de sa bonté vas sentir les effets,
Apprends, dans tes écrits, à chanter ses bienfaits ».

Ainsi, dit Uranie, et la troupe immortelle,
A bannir mes ennuis m'invitait ainsi qu'elle ;
Par leurs danses, leurs jeux, où je fus invité,
Je sentis dans mon cœur renaître la gaîté ;
L'oubli sur mes malheurs avait passé l'éponge,
Quant un bruit vint soudain éclipser ce beau songe ;
C'était un tisserand, logeur de mon grabat,
Qui, la navette en main, faisait un grand sabbat.
L'ardeur d'en faire autant ranime mon courage,
A l'instant de Saint-Lô j'entreprends le voyage ;
Bientôt cette cité vient offrir à mes yeux
Ses bosquets, ses jardins, son aspect montueux,
Son Champ-de-Mars, bordé d'épaisses avenues,
Et son double clocher s'élevant jusqu'aux nues ;
Le tout réunissant un coup d'œil varié :
De tant d'objets divers loin d'être extasié,
J'avais, en ce moment, l'esprit bien à la gêne :
J'allais de rue en rue en nouveau Diogène,

Sans lanterne pourtant, mais cherchant comme lui
Un juste qui voulût m'accorder son appui.
Mon destin, cette fois, me devint favorable :
Un ami me présente à ce chef équitable,
Qui condamne un arrêt aussi mal entendu,
Et m'envoie achever mon travail suspendu.
Tous mes vœux sont comblés par votre ordre propice,
Grand administrateur, grâce à votre justice
Je me revois enfin habiter mon logis,
Travailler tout le jour, dormir toutes les nuits,
Et le soir au foyer, près du bois qui pétille,
De quelque joyeux trait égayer ma famille ;
Que ne puis-je en mes vers, louant votre bonté,
Transmettre vos vertus à la postérité.
Mais mieux que moi les arts, les champs et le commerce,
Parleront des bienfaits où votre esprit s'exerce,
Je me décharge donc d'un fardeau si pesant,
Sans cesser, envers vous, d'être reconnaissant.

LE TROMPEUR TROMPÉ.

Au cabaret, certain hâbleur fameux,
Et des chasseurs qui se disait la perle,
Voulut gager qu'il tuerait bien un merle
Sous un quart d'heure. Il fut mis pour enjeux
Un déjeûné ; mais qu'avait fait le traître ?
Auparavant, sur la branche d'un hêtre,
Avec un fil, il avait attaché
Un jaune-bec, par son fils déniché ;
Le moment vient de prouver son adresse,
En moins de rien il a trouvé sa pièce,
Quoiqu'il semblât la chercher au hasard ;
Il vous l'ajuste, aussitôt le coup part,
Mais, par malheur, il coupe la ficelle,
Soudain l'oiseau s'enfuit à tire-d'aile,
En laissant là notre chasseur bien sot,
Qui fut contraint d'aller payer l'écot.

CONTE.

　　Mariez-moi, disait Blaise à son père,
Mais il me faut deux femmes à la fois.
— « Que dis-tu là ? quel projet téméraire !
Dit le vieillard ; si Jacob, autrefois,
En avait deux, sans que ce fût un crime,
On n'agit plus de la sorte aujourd'hui ;
Car notre église a fixé pour maxime
Que tout chrétien n'en aura qu'une à lui.
Sache, mon fils, que la polygamie
Serait pour nous pire que l'infamie ;
Car, qui pourrait satisfaire l'esprit
De deux, quand une assez souvent suffit.
La femme fait chérir le mariage
Quand la vertu règle sa volonté,
Qu'elle fait tout pour la paix du ménage,
Et de l'époux admet l'autorité ;
Mais il en est qui ne sont pas de même.....
Paix, là-dessus, suivons notre système ;

Choisis-en une, et si, dans quelque temps,
Ses soins pour toi devenaient impuissants,
Je t'en promets dès lors une seconde. »
Blaise se croit le plus heureux du monde,
Il a bientôt une femme à son choix,
Belle, gaillarde et d'un hardi minois,
Qui remplit tant les soins du mariage,
Que le galant vit bientôt son erreur
Et son pouvoir au-dessous de l'ouvrage.
Elle qui voit naître cette langueur,
Lui dit ces mots, affectant l'indolence :
— « Mon cher, je sais qu'en m'unissant à toi
Je m'engageais à vivre sous ta loi,
Mais sur mon cœur modère ta puissance ;
Tu me contrains à jouer certain jeu
Que j'ignorais, qu'on nomme jeu de dames,
Qui jour et nuit me réduit tout en feu,
Et sait aussi te mettre tout en flammes ;
A ce métier je ne puis plus tenir,
Au moins le jour il faut s'en abstenir,
Et si la nuit il nous en prend envie,
Que le destin décide la partie.
Mes deux index, pendant l'obscurité,
Feront du sort la règle positive ;
L'un d'eux sera mouillé de ma salive
Et l'autre sec ; lorsque sur l'humecté,
En tâtonnant ta main viendra se rendre,
Je ne pourrai, de jouer, me défendre ;
Et sur le sec, quand ta main tombera,
Sans aucun jeu la nuit se passera. »
Blaise, à ces mots, faisait encor le brave,
Il acceptait, disait-il, cet entrave
A ses plaisirs, afin de faire voir
Qu'en bon époux il calmait son pouvoir.

Qu'arriva-t-il, dans cette circonstance ?
Nos gens tiraient du soir au lendemain,
Et de tous coups Blaise obtenait la chance ;
Le doigt mouillé lui tombait sous la main.
La chose était aussi simple qu'aisée,
Quand vous saurez que la belle rusée,
Qui ne voulait s'en passer d'une fois,
De tous les coups se mouillait les deux doigts.
Notre héros damait donc de plus belle,
Et sa moitié, sans faire la rebelle,
Semblait novice à parer tous les coups,
Ce qui du jeu lui donnait le dessous.

 Blaise ravi d'avoir tant d'avantage,
Dans ses exploits redoublait de courage,
Mais, à ce jeu, qui charmait tant son cœur,
Il vit enfin éteindre son ardeur ;
Se souvenant de sa vigueur passée,
Il veut, d'un coup, pousser si fort le pion,
Que par trois fois il tombe en pamoison ;
Telle une guêpe, à se venger poussée,
Darde le coup qui termine son sort.
Voilà notre homme aux sueurs de la mort ;
Son père accourt, instruit de sa faiblesse :
— Mon fils, dit-il, je venais pour savoir
Si ta moitié remplissait son devoir,
Sans quoi j'allais te tenir ma promesse ;
Mais je te vois en extrême danger,
Il n'est plus temps de parler raillerie :
Le moment presse, et l'on ne doit songer
Qu'au seul moyen de te sauver la vie ;
Pour moi, je suis d'avis, en pareil cas,
Que ce qui peut t'arracher au trépas,
C'est d'aller voir ton oncle à la campagne,
Y vivre un mois, privé de ta compagne ;

Bientôt l'effet que produit le repos,
L'air des bosquets, le doux chant des oiseaux,
La chasse aux bois, la pêche à la rivière,
Dont les produits, par l'adroite fermière,
Sont sur la table en cent façons servis,
Près de flacons d'un vin le plus exquis,
Te remettront dans ta vigueur première ;
Mais, sans retard, il faut que, dès demain,
Nous nous mettions tous les deux en chemin.

Le jour fixé, voilà mon pauvre Blaise,
Qui du logis s'éloigne tristement,
Sur un baudet qui marche lentement ;
Coussin sous lui, pour être plus à l'aise,
Pâle, défait et le regard éteint,
Tel qu'un mourant qu'on mène à quelque saint.
En cheminant le long d'un pâturage,
Il voit, auprès de deux brebis paissant,
Un vieux bélier qui faisait le galant ;
A toutes deux il offrait son hommage,
Il en voulait toujours donner le gage,
Et de tous coups il était impuissant.
— « Pauvre animal, dit notre languissant,
Que je te plains d'être si téméraire !
Deux à la fois ! crois-tu les satisfaire ?
Oh non ! mon cher, une seule suffit,
Encore tu vois comme une m'a réduit ;
La mort, bientôt, va finir ta carrière,
Si le hasard, agissant à propos,
A ton secours n'envoie ici ton père.
Qui dès l'instant te mène chez son frère,
Pour te sauver par un mois de repos.

LA SALADE.

Muse, pourquoi m'inspirer ton ivresse,
Quand je me livre au travail qui me presse ?
Ne sais-tu pas qu'un hymen fructueux
Me fait sentir son joug impérieux ?
Que ne vas-tu t'adresser à la foule
De ces oisifs que l'on voit, à grands flots,
A tous moments sous les berceaux du Roule
Bannir l'ennui causé par le repos.
Mais, diras-tu, ces gens, pour tout propos,
Te répondront que sans prendre la peine
De courtiser la fortune incertaine,
De réclamer Morphée et ses pavots,
De célébrer Zéphyr et son haleine,
L'Amour, Comus et le dieu des raisins,
D'inviter Flore à parer leurs jardins,
A tous moments ils ont la jouissance
De tous ces biens jusqu'à satiété,
Sans seulement avoir la connaissance
S'ils sont les dons d'une divinité.

Si l'opulent, sans talents ni maximes,
Du vrai bonheur jouit à tous instants,
Moi qui n'ai rien, dois-je employer mon temps
Et mon esprit à composer des rimes
Qui ne feraient qu'augmenter mes besoins ?
Quand je mettrais mon génie et mes soins
A transformer des structures grotesques
En beaux palais réservés pour les dieux,

Des rochers nus et des marais fangeux
En prés fleuris, en sites pittoresques,
Des champs déserts, des côteaux désolés
En riches dons de Bacchus, de Cérès ;
Quand par mon art, à l'ombre d'un platane,
Je changerais la lourde paysanne
Et son gros rustre en bergers faits au tour,
Qui goûteraient les plaisirs de l'amour ;
Ces dieux, de qui j'aurais peint les délices,
Me seraient-ils pour cela plus propices ?
Malgré Cérès et ses moissons de grains,
Je me verrais réduit à la disette,
Et je boirais à même la Divette,
Malgré Bacchus et le dieu des festins.
L'amour aussi quitterait ma retraite ;
Car, pour vouloir trop chanter son flambeau,
Il fuit le cœur et se porte au cerveau ;
Sur le papier ensuite il s'évapore ;
Pour mes erreurs, je me verrais enfin
Privé de tout, et puis, que sais-je encore,
Si ma moitié, partageant mon destin,
Avec raison ne deviendrait mégère ;
Elle qui croit, en bonne ménagère,
Qu'un râtelier, garni de douze pains,
Vaudrait bien mieux que cent mille bouquins,
Qui contiendraient les exploits et la gloire
De tous les preux célébrés dans l'histoire.

Muse, tu vois qu'il est hors de saison
De me parler des lauriers du génie,
De m'inspirer ta divine harmonie,
Car tu mettrais le trouble en ma maison ;
Et si ma femme, un beau jour ennuyée,
M'abandonnait pour trop de pauvreté,

Que deviendrais-je, en cette extrémité?
Pour adoucir ma triste destinée,
Quand tu voudrais me serrer dans tes bras,
L'éclat puissant de tes divins appas
Ne me serait qu'une amorce cruelle ;
Je me verrais, en cette occasion,
Aussi trompé que le fut Ixion,
Puisque tu dois toujours rester pucelle.
A tant de maux pourquoi donc m'exposer,
Pour parvenir enfin à composer
Quelques écrits que le public volage,
Sans nul égard à quelques mois d'ouvrage,
Souvent condamne assez légèrement?
Même on m'a dit qu'un petit imbécile,
Compositeur aussi fou qu'arrogant,
Qui croit bientôt devenir un Virgile,
M'a déjà mis au nombre des pervers ;
Et par ses cris appelle sur ma tête
L'enfer, le ciel, la foudre et la tempête,
Pour me punir de ce que, dans mes vers,
Qui m'ont, dit-il, mis digne d'anathème,
J'ai blasphêmé contre l'Être Suprême,
Et fait outrage à la religion.
Pauvre ignorant! cesse ta calomnie,
Lis mon ouvrage avec attention,
Et tu verras si jamais j'eus l'envie
De badiner sur le culte divin ;
Sur la grandeur, la sagesse infinie
Du Dieu puissant de qui tout tient la vie,
Et par qui tout doit aller à sa fin.
Loin d'y mêler son nom et ses mystères,
Que je n'ai point les talents de chanter,
Avec grand soin je sus les éviter ;
Pour s'amuser il est d'autres matières :

Si j'ai parlé des seigneurs orgueilleux,
De leurs excès, de leur joug rigoureux ;
De ces frocards, fameux en gourmandise,
Frelons obscurs et pieux mendiants ;
Qui, se disant les soutiens de l'église,
Dans le repos se donnent du bon temps.
Par ces tyrans, ces suppôts d'ignorance,
Dont les abus subjuguent l'univers,
Je n'entends point la divine puissance :
Toi, s'il te plaît de vivre dans les fers,
Dans ces climats, non loin des Scandinaves,
Vas te ranger parmi ces vils esclaves
Que le bâton fait aller au travail,
Et qu'on achète ainsi que du bétail,
Quand un seigneur à l'encan met ses terres.
Mais si ces mœurs, envers l'humanité,
Te paraissaient toutefois trop sévères,
Cours en Espagne, où, par docilité,
Le peuple vit au sein de la détresse ;
Se voit rongé par la pauvre noblesse,
Par les prélats, les moines mendiants ;
Où l'on ne voit qu'une lâche indolence,
Un sol en friche et chargé de couvents ;
Où chacun cherche à vivre dans l'aisance.
Là, si tu veux parvenir au bonheur,
Fais une épître au grand inquisiteur ;
Ne lui peins pas le peuple misérable,
Chargé d'impôts, sous un joug qui l'accable ;
Dis-lui, plutôt, qu'un peuple trop heureux
Est moins soumis et devient dangereux ;
De tous les grands tu feras les délices ;
L'inquisiteur, sous d'heureuses auspices,
Te soutiendra même, enfin, que sait-on,
S'il ne te prend pour son porte-coton.

CHANSON.

Air : *Petit serin, ta voix tendre et flexible.*

Quittant un jour les bosquets d'Italie,
L'Amour s'en fut parcourir l'univers ;
En traversant les champs de la Neustrie,
Il vit Cherbourg, au bord des vastes mers ;
En ce moment, rappelant sa mémoire :
— « C'est là, dit-il, que mes feux si puissants
Sont au mépris des belles qui font gloire
De résister aux douceurs des amants.

Ah, c'en est trop ! punissons cette offense,
Et par un coup digne de mon savoir,
Faisons rentrer sous notre obéissance
Chaque beauté rebelle à son devoir. »
Il dit, visant au but qu'il se propose,
D'une fontaine il fait jaillir les eaux,
Dans ce vallon que la Divette arrose,
Où le printemps forme d'épais berceaux.

Le petit dieu, soudain à tire-d'ailes,
Prenant son vol, parcourt en peu d'instants
Tous les boudoirs, et lance au cœur des belles,
De son carquois les traits les plus perçants.
Lise ressent un feu qui la dévore,
Zoé languit d'une pâle couleur,
Et dans son sein la belle Éléonore,
Pour cette fois sent palpiter son cœur.

Pour les guérir on met tout en usage,
Mais l'Amour rend tout secours impuissant.
Il se présente en pompeux équipage
Sous le renom d'un docteur ambulant ;
De tout remède il possède la veine :
On le consulte, à chacune il répond :
— « Allez à jeun, ma belle, à la fontaine
Et par ses eaux, vous aurez guérison.

L'heureux effet de cette eau salutaire,
De nos Iris rétablit la santé,
Et de ces jeux qu'on célèbre à Cythère,
L'amant leur fît goûter la volupté ;
Ainsi l'amour recouvrant sa puissance,
Par le plaisir fît observer ses lois,
Mais, s'y livrant avec intempérance,
Lisette en fut malade encor neuf mois.

EPITAPHE.

Sans marbres fastueux, passant voici la tombe
Qui renferme en son sein le vertueux Décombe (1);
Si le temps respectait l'homme pour l'équité,
L'esprit et le savoir, la sagesse profonde,
Ce mortel, aujourd'hui de nous tous regretté,
N'aurait vu terminer ses jours qu'avec le monde.

AVIS.

Perruquiers, si de vos boutiques
Vous voulez chasser les pratiques
Et détourner votre profit,
Ce n'est point d'être difficiles,
Désobligeants, même inhabiles,
Mais c'est de raser à crédit.

(1) Ancien sergent-major en retraite, un de mes amis particuliers, aux entretiens duquel je dois une partie de mes connaissances en astronomie et en mathématiques.

LA CARENTANADE.

AVANT-PROPOS.

On se rappelle qu'en 1830, Charles X et sa famille s'acheminant à Cherbourg pour s'y embarquer, des bruits se répandirent qu'une bande de leurs partisans les suivait, grossissant chaque jour, à dessein de s'emparer de Cherbourg et de s'y fortifier pour faire résistance ; l'alerte devint générale, huit cents Cherbourgeois s'organisant à la hâte, se rendirent à Carentan, qui fut le point de réunion de ceux des villes et bourgs des environs, qui s'y portèrent aussi en grand nombre, pour empêcher l'entrée de cette prétendue armée dans la presqu'île du Cotentin ; mais ce mouvement n'étant qu'une mesure ostensible de la part de quelques-uns, le tout se termina heureusement sans d'autres résultats que quelques orgies.

Un jour me trouvant dans une société où l'on parla de cette expédition, plusieurs racontèrent quelques aventures assez plaisantes et se disaient en avoir été les héros ; le sujet me parut prêter au comique, et j'entrepris d'en composer un poëme ; dès qu'il fut fini, je le fis voir à mes amis, qui ne purent s'empêcher de rire de se voir ainsi chacun à sa place ; ceux dont je n'avais pas fait mention me prièrent de les y intercaler.

Je ne l'ai point composé comme ces libelles qui n'ont d'autre but que la diffamation, je n'attaque ni l'honneur, ni les capacités de personne, je n'en parle qu'avec respect et considération ; s'il se trouvait quelqu'un assez susceptible pour s'en fâcher, c'est qu'apparemment ne se connaissant pas autant de mérite que je lui en accorde, il prendrait mes éloges pour de l'ironie, mais ce serait à tort qu'on en jugerait ainsi ; je trouve, au contraire, que plusieurs en ce cas devraient m'être reconnaissants de la peine que j'ai prise à leur procurer l'immortalité, car sans moi, il en est dont leurs actes de naissance et de décès auraient composé toute l'histoire de leur vie.

On trouvera peut-être que j'ai omis quelques faits : une partie n'étant point parvenus à ma connaissance, je n'ai pu en parler; les autres m'ont paru inutiles ou scandaleux, et auraient nui à la marche de mon poëme ou dégradé mes héros. Les scènes de cabaret, que j'ai rapportées, sont toujours sur le compte d'une multitude de turbulents, gens que l'on ne peut empêcher de suivre dans de telles circonstances, qui sont capables par leurs actions, de faire haïr le meilleur système, tout en s'en disant les apôtres, et desquels je n'ai pas trouvé les noms dignes de figurer à côté de ceux de personnes respectables.

J'assure, enfin que toute la décence possible au style héroï-comique y est ménagée et peut en permettre la lecture à toute personne qui voudra l'honorer de son accueil.

LA CARENTANADE

POÈME HÉROÏ-COMIQUE.

Honni soit qui mal y pense.

PREMIER CHANT.

Des vieux normands, vous voulez des chroniques
Sur leurs vertus, leur gloire et leurs exploits,
J'ai du respect pour ces preux d'autrefois.
Mais, laissons-les aux amateurs d'antiques,
Chantons, plutôt, les faits qui sous nos yeux,
Ont mis leurs fils au rang de tels aïeux ;
Quant au milieu des plus vives alarmes,
Qui de Cherbourg, menaçaient la cité,
On les a vus accourir sous les armes,
Pour le maintien de notre liberté.
Éternisons ces héros dans l'histoire,
Et de leur chef, illustrons la mémoire ;
Lui, qui guida dans leur rapide élan,
Ces libéraux aux murs de Carentan,

Qui, surmontant d'innombrables entraves,
Sut avec eux mériter des lauriers,
Et ramenant l'élite de ces braves,
Avec honneur rentra dans ses foyers.

Lorsque Paris, par un coup héroïque
Eut terrassé le géant despotique
Qui menaçait de nous donner des fers,
La Renommée, en cent climats divers
Fît retentir notre gloire immortelle ;
Quant, à Cherbourg, parvint cette nouvelle,
Avec transport, tout le peuple exalté,
Impatient du retour de l'aurore,
Dès le minuit, dans toute la cité
Fut promener le drapeau tricolore,
Et jusqu'au ciel par des chants et des cris
On élevait les héros de Paris.

Ce n'était plus que festins, bals et fêtes,
Réunions et banquets fraternels ;
Quand pour troubler ces plaisirs éternels,
Voilà qu'un bruit vient exalter les têtes
Et les porter à l'ardeur des combats.
Tandis qu'ici vous portez des toasts,
Dit une voix, au succès de la France,
Croyez-vous donc que votre indépendance,
De vos tyrans ait paré tous les coups ?
Tout près d'ici s'avance contre vous
Du roi déchu les nombreuses cohortes,
Qui pensent voir, à l'abri de vos portes
Fortifier leur parti dangereux ;
Vite armez-vous contre ces factieux
Et détruisez leur coupable entreprise,
Si vous voulez demeurer en franchise. »

A cet appel chacun est animé,
Et veut prouver son zèle et son courage,
De tous côtés le tambour fait tapage,
En un instant tout Cherbourg est armé ;
Au Champ-de-Mars, on court, on s'organise,
Vaincre ou mourir est choisi pour devise ;
Il faut un chef digne de commander,
La voix de tous qui vient en décider
Nomme Chauffart, de qui la renommée
A fait honneur à notre vieille armée,
Et qui, flatté d'un si glorieux choix
Tient ce discours aux braves Cherbourgeois :
« Fiers rejetons des héros de Neustrie,
Vaillants guerriers qui, pour notre patrie,
Voulez combattre et d'une noble ardeur,
Braver cent fois la mort au champ d'honneur ;
Vous vous armez contre un parti transfuge,
Qui dans nos murs croit trouver un refuge,
J'admire en vous cet élan belliqueux,
Comptez toujours qu'au fort de la tempête,
Vous me verrez marcher à votre tête
Pour seconder vos efforts valeureux ;
La liberté, qui chez nous prit naissance,
Vient aujourd'hui visiter nos climats,
Pour la fixer à jamais dans la France
Sachons plutôt périr dans les combats. »

Il dit : soudain mille voix jusqu'aux nues
Font retentir mille applaudissements.
Mille guerriers rangés en peu d'instants,
Du Champ-de-Mars bordent les avenues ;
Le régiment qui tient la garnison
Y fait marcher son premier bataillon ;
Soudain Chauffart, félicité d'un groupe
Qui l'entourait, fait défiler sa troupe,

Les officiers forment leurs sections,
Le départ sonne et la cavalerie
Ouvre la marche en plusieurs escadrons;
On voit paraître avant l'infanterie
Le corps brillant de nos sapeurs-pompiers,
Le casque en tête et plumets aux cimiers ;
Les combattants qu'on voit marcher ensuite
Par bataillon à la hâte formés,
Sans uniforme, au surplus bien armés,
Sont composés d'une brillante élite
De commerçants, d'artistes, de soldats
Et d'officiers retirés du service,
Huissiers et clercs, avoués, avocats
Qui désertaient le palais de justice,
Impatients de voler aux combats.

 La troupe enfin finit par les bagages,
L'artillerie et tous ses équipages,
Que l'on voyait escortés par deux rangs
De canonniers la fleur des vétérans.

 Sur le départ de cette belle armée
On voit pleurer mainte amante alarmée,
Et maint époux en quittant sa moitié
L'entend pousser des cris qui font pitié ;
Sexe charmant, loin de verser des larmes,
A vos héros donnez plutôt des armes ;
Ces chers objets que vous pleurez si fort,
Dans les combats sauront braver la mort ;
Vous les verrez, ces fils de la victoire,
En peu de temps rentrer dans leurs foyers,
Et dans vos bras tout rayonnant de gloire,
Vous couronner de myrte et de lauriers.

 Enfin la troupe en entrant en campagne,
Bientôt du Roule a franchi la montagne,

Qui retentit du bruit de ses tambours ;
Cherbourg déjà lui dérobe ses tours ;
Délasse voit arriver notre armée,
Du voyageur c'est l'halte accoutumée,
Là, Pigoché, restaurateur fameux,
De ses fourneaux vite allume les feux,
Et fait jaillir le nectar de ses caves,
Pour arriver au secours de nos braves.

Après avoir dégarni les fourneaux
Et sur le cul rangé plusieurs tonneaux,
Dont les guerriers ont bu jusqu'à la lie,
Le tambour bat, la troupe se rallie,
Et poursuivant son chemin montueux,
Voit Brix flanqué d'arbres majestueux,
En maquignons pays toujours fertile,
Gens très experts à cacher les défauts
De leur bétail et bien jurer à faux ;
On longe après les bords de Négreville,
Côteaux chéris d'où sort le divin jus,
Qui fait chanter les hymnes de Bacchus.
Des cris de joie alors se font entendre
De la cité que l'antique *Vnellos* (1)
Comme un Phénix fit sortir de sa cendre :
C'était le peuple accourant à grands flots,
Pour accueillir la troupe libérale :
Bertrand, l'un d'eux, la terreur des ultras,
Qui sait lui seul les mettre tous au pas,
Fait aux tambours battre la générale,
Et brandissant son sabre à la bancale,
S'écrie à bas la féodalité
Qui porte l'homme à l'imbécilité.

(1) Valognes est bâtie à l'endroit où était Vnellos, ville Romaine, qui fut détruite par un incendie.

Les Cherbourgeois, dans leur marche héroïque,
Sont en entrant d'une salve honorés,
Les magistrats, des trois couleurs parés,
Les font fêter au son de la musique.
Tous ont reçu des rafraîchissements :
Au colonel, le maire en même temps,
Tient ce discours : « Vaillant chef de l'armée
Dont la présence honore nos foyers,
Depuis longtemps ici la renommée
Nous a parlé de vos talents guerriers ;
Cherbourg en vous a bien choisi le guide
Qui convenait à sa troupe intrépide,
Et des lauriers que vous allez cueillir,
Cette cité va bien s'énorgueillir ;
Qu'au moins la nôtre en partage la gloire,
Souffrez qu'un corps de Valognais armés
Vous accompagne aux champs de la victoire,
Par vous bientôt aux grands exploits formés,
Ils reviendront ayant fait des merveilles ;
Par leurs récits ils charmeront nos veilles
Et transmettront à leurs derniers neveux
Avec leurs faits votre nom glorieux. »
« Votre demande est trop juste et trop brave,
Bon magistrat, répond le colonel,
Pour que je doive y mettre aucune entrave
En vrais français par un nœud fraternel
Nous devons tous nous unir pour abattre,
Tout ennemi qui voudrait nous combattre,
Hâtez-vous donc d'armer vos citoyens,
Si je leur vois signaler du courage,
Pour préserver leur pays d'esclavage,
Ils me seront aussi chers que les miens. »

Après ces mots qui flattent l'espérance
De citoyens nés pour l'indépendance,

Les Cherbourgeois sortent de la cité,
En traversant les flots d'un peuple immense
Qui fait des vœux pour leur prospérité.
Sur le chemin de ces fameux civiques,
L'air retentit de chants patriotiques,
Que met en train le colonel Chauffart ;
Du bataillon la jeune cantinière, (1)
De la gaîté voulant prendre sa part,
Chante à son tour une chanson guerrière ;
Maître Tharel, au son du flageolet,
Y fait chorus mieux qu'avec un archet.

Phébus rentrait dans son séjour humide
Quand Montebourg voit la troupe intrépide,
Qui de Cherbourg annonce le réveil,
Et des combats roule tout l'appareil ;
Le maire à peine en apprend la nouvelle,
Qu'en cent endroits le pompier Lachapelle,
Court l'annoncer par le son du tambour,
En même temps que le peuple du bourg,
Dans son éclat voit paraître l'armée,
De citoyens une élite est formée,
Par le Vildier, officier retraité,
Qui vers les chefs s'avance en député,
Leur demandant que pour cette entreprise,
Parmi les rangs sa troupe soit admise
Ce qu'on accepte à l'unanimité ;
Sur le clocher aussitôt on arbore
Le fier drapeau dont la France s'honore ;
Les citoyens s'unissant d'une voix,
Ont salué ces couleurs glorieuses,

(1) Le cantinière du 64ᵉ de ligne, qui suivit notre expédition.

Qui tant de fois par nous victorieuses
Ont fait trembler les peuples et les rois.
On établit le parc d'artillerie
Près du chemin au bord d'une prairie,
Quinze guerriers, qu'on fait sortir des rangs,
Vont s'y poster avec les vétérans,
Et l'officier que pour chef on désigne,
Du colonel a reçu la consigne
D'intercepter la circulation
Des voyageurs sans passeports en forme ;
Le corps de garde est placé sous un orme
Et déjà Groult est mis en faction.

   La nuit s'abaisse et l'eau tombant à verse
Font qu'aussitôt la troupe se disperse
Nos défenseurs sont dans leurs logements
Reçus, fêtés avec empressements,
Par libéraux ainsi que par carlistes,
Jusqu'au curé se prête à leurs besoins :
Il n'en est pas ainsi des aubergistes,
Qui, la plupart pires que des Bédouins,
Voyant chez eux accourir l'affluence,
Se font payer, sans nulle conscience,
Pour chaque objet trois fois plus que son prix :
Maître Tharel, étrillé de la sorte (1),
Met promptement un planton à leur porte,
Pour empêcher qu'aucun n'y soit surpris.

   Sur son chemin l'ex-monarque de France,
Tel que Jonas troublait les éléments :
Chacun disait que l'orage et les vents,
Où se mêlait la pluie en abondance.

   (1) On lui fit payer 5 fr. pour une douzaine d'œufs à l'omelette.

Étaient l'effet des imprécations,
Des pleurs, des cris, des malédictions.
Que dans ces jours faisait la France entière,
Contre ce roi parjure et sanguinaire,
Qui pour marcher au but de ses projets,
Avait versé le sang de ses sujets.
Tous les efforts de cette intempérie,
N'empêchaient pas qu'au parc d'artillerie,
Nos Cherbourgeois ne fissent bien leur quart ;
Pour se chauffer de bois ils n'avaient guères,
Mais ils allaient marauder à l'écart,
Démolissant les poteaux, les barrières,
De leurs débris faisant un feu d'enfer,
De quoi l'ardeur eût rôti Lucifer.

Le verre en main, la cantinière Adèle,
De son nectar égayait leurs esprits ;
C'était d'Hébé le plus parfait modèle,
De ses attraits les bivouaqueurs épris,
Lui font à part l'aveu de leur martyre ;
Sa gaité vive augmente leur délire,
Chacun se croit le mieux aimé de tous,
Ils sont bientôt l'un de l'autre jaloux.
Amants cessez cet amour idolâtre,
Le cœur d'Adèle est pour vous fait d'albâtre ;
Croyez-vous donc qu'elle eût manqué d'amant,
Surtout parmi les chefs du régiment
Pour qui son père à Cherbourg tient cantine ?
Détrompez-vous, la charmante Adéline,
Sait nuit et jour résister aux assauts
Des fiers Rolands, des doucereux Renauds :
Bien que la fleur de notre bourgeoisie
Vous n'aurez pas d'elle un sort plus heureux ;
Mais quoi déjà ! ces transports amoureux
Font entre vous naître la jalousie !

Arrêtez donc ! et réservez vos coups,
Aux ennemis qui marchent contre vous.

Comme on était au fort de la querelle,
Groult, l'aubergiste, étant en sentinelle,
Crie : à la garde ! il tenait en respect
Le postillon, les chevaux, la berline
De deux faquins dont l'air était suspect :
Alors nos preux qui pour leur Adéline,
Allaient bientôt s'entre briser l'échine,
Ont à ce cri suspendu leur fureur,
Courant de Groult seconder la valeur.

Du passeport de ces deux personnages,
La Suisse était la destination ;
Cette erreur fit qu'avec attention
On fit la fouille au fond des équipages,
Où l'on trouva force poudre, mousquets,
Sabres, poignards, fusils et pistolets ;
Sur l'apparence on les croit des carlistes,
Qui de Cherbourg avaient pris le chemin,
Pour y tenter un dernier coup de main ;
Sous bonne escorte, on les conduit soudain,
A Montebourg chez l'un des aubergistes, (1)
Pour y passer la nuit avec leur train.
Un bruit courut que durant la capture,
On avait vu passer une voiture,
Par sa vitesse échappée au bivouac,
Qui contenait quelqu'un dont la figure
Offrait aux yeux les traits de Polignac :
Pour courir sus, Nicollet expédie
Les mieux montés de sa cavalerie,
Qui d'un élan rapide et belliqueux,

(1) Picot.

Pressant les flancs de leurs coursiers fougueux,
Heureusement ont atteint la voiture
Au même instant qu'à Valogne elle entrait :
Cette nuit là dans la ville on avait,
Par la frayeur, l'esprit à la torture,
Sur l'avenir que chacun prévoyait,
Quand tout-à-coup on crie à perdre haleine :
« C'est Polignac qu'ici l'on nous amène,
« Les Cherbourgeois l'ont pris comme il fuyait. »
Ces cris aigus, dans un moment critique,
Font bientôt naître une terreur panique,
Des ennemis on se croit entouré,
Des citoyens l'effroi s'est emparé ;
En vain les chefs veulent rétablir l'ordre,
Tout est tombé dans un affreux désordre ;
La multitude en ce danger nouveau,
Jette des cris en parcourant les rues ;
En moins de rien la place du Château
Est encombrée avec ses avenues,
D'un peuple ému désertant ses foyers,
Sans la plupart qu'ils en sachent la cause,
Mais tout-à-coup, voici bien autre chose,
Lorsque l'on voit parmi les cavaliers
Qui s'avançaient, venir la cabriole,
En ce moment la populace affole :
« C'est Polignac ! répétaient mille cris,
« Exterminons ce bourreau de Paris ! »
Et sans les chefs qui suspendaient leur rage
Et les efforts du vaillant escadron,
Assurément que le grand personnage
Allait danser un vilain rigodon.

On le conduit en interrogatoire,
Chez Clamorgam, (1) si digne de mémoire,

(1) Clamorgam, sous-préfet de Valognes.

Pour sa justice et sa capacité,
Il l'interroge avec intégrité ;
Son passeport donne toute assurance,
Qu'on voit en lui le général Talon,
Et qu'à Cherbourg, avec son postillon,
Il doit aller pour chose d'importance ;
On le relâche, il part à toute outrance,
Bénissant Dieu de se voir libéré
D'entre les mains d'un peuple exaspéré.
Tout est rentré dans un ordre plaisible,
Et l'escadron pique pour Montebourg ;
Soudain Bertrand fait battre le tambour,
Et sur ses pas une élite invincible
Se réunit aux héros de Cherbourg.

FIN DU PREMIER CHANT.

DEUXIÈME CHANT.

La Déité que Titon idolâtre,
A peine ouvrait le palais du Soleil,
Que la trompette, annonçant le réveil,
Fait retentir jusqu'aux flancs du mont Câtre (1).
En ce moment nos guerriers retenus
Par le sommeil ou les bras de Vénus,
Se sont soudain dérobés à ces charmes,
Et promptement se couvrant de leurs armes,
Sont déjà prêts à prouver leur valeur ;
De tous côtés les citoyens en masse
A leur exemple accourent sur la place,
On ne voit point leur organisateur (2)
Pour les guider se montrer à leur tête,
Il s'est caché, redoutant la tempête,
Mais en son lieu Bernard fixe leur choix,
Brave guerrier, fameux par mille exploits,
Près de Chauffart aux champs de l'Ibérie
Il a cent fois vaincu pour la patrie (3).

(1) Le mont Câtre, monticule situé auprès de Montebourg.
(2) Le Vildier.
(3) Ils avaient servi ensemble en Espagne, au 5ᵉ léger.

On en était au moment du départ,
Quand le grand Gay, gendarme de service,
Qui, pour sa peine, est agent de police,
Vient ventre à terre, il demande Chauffart
Et lui remet un ordre rétrograde,
Qui fait savoir qu'à son embarquement
Le Roi déchu marche paisiblement.
Soldats alors, officiers de tout grade,
Tout d'une voix crie à la trahison !
Sur Charles X on répand mille injures,
Quoi ! disent-ils, il faudrait, sans raison,
Croire aux serments de ces fameux parjures !
Méfions-nous de ces loups dévorans,
Doux dans l'exil, sur le trône tyrans,
De tous nos droits ennemis implacables,
Et toujours fiers envers nous d'être ingrats ;
Exterminons, cette fois, ces coupables,
Mettons un terme à tous leurs attentats !!!
En vain les chefs réclamaient le silence,
De plus en plus le désordre augmentait,
Car vous saurez que dans le nombre était
Maints turbulents, sans mœurs et sans décence,
De qui l'audace et les faits dissolus,
Donnent raison aux tyrans absolus.

Tout annonçait la même tragédie
Pour Montebourg, qu'aux siècles de folie,
Constantinople essuya de ces preux
Qui s'en allaient conquérir les Saints-Lieux ;
Et dans son sein portés à la révolte,
Qui saccageaient en criant : « *Diex el volte* » (1)

(1) *Diex el volte* signifiait dans le langage du temps : Dieu le veut.

Et célébraient, au milieu des festins,
Tous les plaisirs et les jeux libertins.

Les deux suspects, réputés pour carlistes,
Et consignés chez l'un des aubergistes,
Sont au milieu du tumulte et des cris,
Avec leur train sur la place conduits.
Le colonel, en sage politique,
Pour les sauver de la fureur publique,
A ses guerriers s'exprime par ces mots :
« Braves Normands, dignes fils de héros,
» Dont la justice égale la vaillance,
» Souffrirez-vous qu'un peuple exaspéré,
» Parmi vos rangs vienne avec impudence,
» Nous enlever un triomphe assuré,
» Dans ce dépôt par vos soins capturé ?
» Ces inconnus sont peut-être des princes,
» Qui nous vaudront la paix de nos provinces ;
» Leur mort serait pour nous un déshonneur ;
» De ces mutins sauvons-les de la rage,
» Ils resteront parmi nous en ôtage ;
» Et puisqu'en vous, je vois la noble ardeur
» De ne rentrer chacun dans son enceinte,
» Sans avoir vu l'ennemi de plus près
» Et s'assurer s'il n'agit point de feinte,
» J'en suis d'accord ; mais avant promettez
» Qu'il ne sera tenté nulle entreprise,
» Que le conseil des chefs ne l'autorise,
» Qui, comme moi, sera, je crois, d'avis
» D'agir en tout pour le bien du pays. »
Chacun se rend à ce discours plausible ;
Et nos guerriers, d'un effort invincible,
Ont dissipé tous les séditieux ;
Ainsi la pluie apaise un fier orage,

Et de poussière abat un gros nuage,
Qu'un fils d'Eole élançait jusqu'aux cieux.

Dès que l'on eut rétabli le silence,
Le colonel, pour prix de surveillance,
Satisfaisant au désir général,
Appelle Groult et le fait caporal.
Au même instant la trompette résonne :
Chaque guerrier dans les rangs est rentré,
Et le tambour, ébranlant la colonne,
Ouvre la marche au pas accéléré.

Vous cheminez au milieu de nos braves,
Fameux ultras, vous de qui les projets
Tendent toujours à vexer les sujets,
Et les réduire à jamais vos esclaves ;
Le sort vous fait tomber entre leurs mains ;
Si, comme vous, ils étaient inhumains,
Ils vous feraient payer cher l'égoïsme,
L'abaissement, le mépris, les rigueurs
Que méditait contre eux le despotisme :
Tout au contraire, ils sont vos protecteurs.
Si, cependant, le sort tournait la chance,
De ces bienfaits, loin d'avoir souvenance,
Dans vous bientôt ils seraient étouffés ;
Vous seriez tous des serpents réchauffés.

Déjà tout près de Sainte-Mère-Eglise,
La troupe arrive et voit avec surprise
De l'accueillir qu'on ne fait nul semblant.
D'un tel mépris nos guerriers se troublant,
Ont de ce bourg prononcé la ruine.
Leur marche était comme un feu dévorant,
Ainsi marchait jadis en Palestine,
Contre Sion, Alexandre-le-Grand,
Pour l'écraser d'un coup de sa colère ;

C'en était fait, les Juifs étaient perdus,
Si, par bonheur, le Grand-Prêtre Jaddus,
Par son aspect et son humble prière,
N'eût apaisé le vainqueur de la terre.
Tels nos guerriers s'avançaient furieux,
Prêts à porter le désastre avec eux :
C'était alors l'instant où, sous la halle,
Pour le marché, l'on voit abondamment
Le laboureur apporter son froment,
Que le boucher, pour la cuisine, étale
Ses aloyaux, le lardier ses jambons,
Le volailler ses dindes, ses chapons,
Le jardinier ses fruits et ses légumes ;
Que cent beautés, en élégants costumes,
Dont la pudeur rehausse l'ornement,
Dans des paniers couverts de linge blanc,
Vendent leur beurre, ou bien, à la douzaine,
Vendent leurs œufs, produit de la semaine ;
Qu'enfin chacun, pour sa provision,
Y vient encore augmenter l'affluence.
Quand, tout à coup, paraît la légion
Qu'on sait bientôt portée à la vengeance ;
Qu'on juge alors de la confusion.
Pour se sauver, chacun perce la foule,
On crie, on jure, on tempête, on se boule ;
Aucun ne veut demeurer le dernier.
Les coups de poing sont à moins d'un denier ;
Dans sa frayeur, au plus fort de la crise,
Le marchand fuit, laissant sa marchandise,
Que les voleurs s'entr'arrachent des mains ;
La pudeur même est en proie aux mondains,
Qui, se glissant, à l'aide du tumulte,
Près des beautés aux innocents appas,
Ne craignent point de leur faire une insulte,
En tâtonnant ce qu'ils ne devraient pas.

Pour mettre fin à cet affreux tapage,
Un citoyen s'arme d'un grand courage,
Et, s'avançant jusqu'à la légion,
En député chargé de mission,
S'exprime ainsi : « Dignes fils de la France,
Chefs et soldats, suspendez vos transports,
De m'écouter, ayez la patience :
Nous avons fait d'inutiles efforts
Près du Curé, nous ne pouvons encore
Voir arborer le drapeau tricolore ;
Des vieux abus il est tant antiché,
Que pour n'en voir un seul point retranché,
Dans sa ferveur, il permettrait sans peine
Que l'on lui fît l'action d'Origène.
Nous sommes tous sous l'inquisition ;
Par politique ou par dévotion,
Il nous réduit tellement sous sa coupe,
Qu'il sait de quoi nous faisons notre soupe,
Par nos voisins à la confession,
Et le dimanche il en fait son sermon.
On irait loin pour trouver un tel prêtre ;
Le maire même et le garde champêtre
Tremblent sous lui : si quelque voyageur
Entre à l'auberge au temps qu'on dit la messe,
Pour se refaire un peu de sa faiblesse,
Il est chassé dehors avec rigueur,
Et l'aubergiste est menacé d'amende ;
Braves soutiens du parti libéral,
Délivrez-nous de cet original,
Ou, pour le moins, dites-lui qu'il s'amende. »

A ce récit, les guerriers indignés
Voulaient à sac mettre le presbytère
Et le pasteur, avec sa chambrière,
Quand dix d'entre eux, par les chefs désignés

Pour éluder une telle entreprise,
Par le bedeau se font ouvrir l'église :
Ils sont bientôt au plus haut du clocher,
Où l'Albigeois et Roch vont attacher
Des vrais Français la bannière chérie,
La cloche en branle et la mousqueterie
Ont salué notre immortel drapeau ;
Durant ce temps, la servante au caveau
Faisait jaillir la liqueur de la grappe,
Puis de fins mets ayant chargé la nappe,
Chacun se panse et boit à la santé
Des trois couleurs et de la liberté.
Le bon curé, dès leur première approche,
S'était caché derrière un tourne-broche,
Où, de sa cave, étant en grand souci,
Il attendait la fin de tout ceci.

   Les détachés rentrent à la colonne,
Le tambour bat, la trompette résonne,
Ces sons bruyants au loin sont entendus ;
Les moissonneurs, dans les champs répandus.
Quittent soudain la faucille et la gerbe,
Pour voir passer cette troupe superbe,
Qui, dans sa marche, allait toujours croissant,
Et présentait un aspect imposant ;
Elle est déjà passée outre Saint-Côme,
Dont le clocher, qui surmonte le dôme,
Brave en hiver les efforts de l'autan,
Et qu'on voit noir de corneilles perchées,
Qui, de ses flancs, font sortir leurs nichées ;
L'armée, enfin, aperçoit Carentan,
Vers le milieu d'un vaste marécage ;
On le prendrait pour un épais nuage,
Par son clocher entouré de brouillards.
Bientôt nos preux ont fixé les regards

Des citadins et d'une foule immense
De libéraux venus de toutes parts,
Qui s'apprêtaient à faire résistance
Aux ennemis de notre liberté :
Ces vrais Français, dans leur joie animée,
Viennent en foule accueillir notre armée,
Qui sait répondre à leur fraternité.
Soudain Chauffart, que la gloire environne,
Par sections fait entrer sa colonne
Dans Carentan, aux acclamations
Des citadins placés à leurs balcons.

Sur le clocher, le drapeau va paraître,
Charles Noël lui-même en fait les frais :
Trente guerriers que l'on détache exprès,
Vont en parer la plus haute fenêtre ;
A peine ont-ils déroulé ses couleurs,
Que l'allégresse enivre tous les cœurs ;
Mille bravos et les cloches émues
Font un *salve* qui se perd dans les nues,
Et les mousquets, détonnant à leur tour,
Font retentir les échos d'alentour.
En même temps, notre brillante armée
S'est, sur la place, en bataille formée :
Le général, commandant la cité,
Vient aussitôt lui passer la revue ;
Et, satisfait de son urbanité,
De son bon ordre et sa belle tenue,
Au colonel, il adresse ces mots :
« Vous que l'honneur rend chef de ces héros,
Rang qui n'est dû qu'à beaucoup de mérite
Et des talents dont je vous félicite,
Veuillez combler mon désir curieux,
En m'apprenant d'où nous vient cette élite,

Et de vos gens quels sont les plus fameux ? »
« Mon général, je souscris à vos vœux,
Répond Chauffart ; Cherbourg, ville guerrière,
Envoie ici ces braves combattants,
Qui, pour leurs droits et garder leur frontière,
Se sont rendus fameux dans tous les temps.
Parmi ces preux qui, pour prix de courage,
Ont sur le sein le signe de l'honneur,
Voici Paysant qui, malgré son grand âge,
A retrouvé sa première vigueur ;
Là, c'est Fabien, que le feu, la mitraille
Ont respecté sur les champs de bataille,
Lorsqu'il courait terrasser l'ennemi
Au fort de Kell, à Fleurus, à Valmy ;
Auprès de lui, c'est Noyon qui s'avance,
Son grand sang-froid égale sa vaillance ;
Voyez Postel, guerrier impétueux,
Qui, dans Lutzen, sut se rendre fameux.
Ces officiers, qu'ensuite on voit paraître,
Non décorés, mais tous dignes de l'être,
Sont Renaud, Pain, Boudet, Lannes, Sconard,
Qui, pour la France, ont signalé leur zèle ;
Puis Anquetil, ce courageux vieillard,
Qui se souvient du camp de la Moselle ;
C'est Nicollet, qu'on voit sur son cheval,
Il est le chef de la cavalerie. »
« Mais en est-il, reprit le général,
De vos guerriers, soutiens de la patrie,
Comme il était de ceux d'Agamemnon,
Où des chefs, seuls, on célébrait le nom,
Sans plus parler des soldats que d'esclaves ?
N'avez-vous donc que des chefs qui soient braves ? »
« De mes héros, lui répartit Chauffart,
Mes officiers sont la plus moindre part,

Dans mes soldats le plus grand nombre reste ;
Au premier rang, voyez Pennier, Modeste,
Chef à l'armée, invincible au combat,
De qui les faits rempliraient un volume,
Et qui ne veut être ici que soldat ;
Auprès de lui, Binard, de qui l'enclume,
Pour l'appeler tinterait vainement ;
Là, remarquez Casimir Bonnissent,
Qui mettrait bien son fer et ses balances
A fabriquer des casques et des lances,
Pour culbuter tous les rois absolus ;
Le Buhotel, ce second Lucullus,
Et le soutien de la classe ouvrière,
N'a pas voulu qu'on le vît en arrière
Pour s'opposer aux efforts des ultras ;
C'est son cousin, l'un de nos avocats,
Dans le parquet fameux par ses harangues,
Qu'on voit suivi du moderne Calchas,
Le gros Magnen qui parle toutes langues ;
Pour seconder ces illustres guerriers,
Charles Noël a quitté ses chantiers
Qui de sapins dépeuplent la Norwège,
Près de Couesland célèbre à plus d'un siège
Voici Garnier, pour le juste milieu,
Il est dit-on plus ardent que le feu ;
Voyez après, Gauvain, l'huissier des nobles,
Le grand Janvry, patriote exalté ;
Et puis Brisset dégustateur vanté
Qui sait au goût distinguer les vignobles ;
Voyez Guilmot (1) lunettes sur le nez,
Pour la patrie un des plus acharnés,

(1) Guilmot, ce célèbre vitrier de la glacerie de Tourlaville, qui figure si terriblement dans mon poëme de la Perruque.

Il est le seul des communes rurales,
Qui suive ici ses couleurs libérales ;
A peine a-t-il entendu nos clairons,
Que décrochant fusil et carnassière,
Nous l'avons vu franchir haies et buissons,
Pour se ranger sous la noble bannière ;
Sur un caisson remarquez Anneleau,
Tel qu'un Bacchus monté sur son tonneau ;
Ses pieds lassés du fardeau de sa panse
Lui font déjà réclamer l'ambulance.
Celui qu'on voit le plus actif de tous,
C'est Duchevreuil de qui le dos convexe
Porte en carquois un fusil à deux coups.
Voilà Talbot, l'idole du beau sexe,
Que de jaloux ici ne seraient pas,
Si ce galant n'avait suivi leurs pas ;
Celui d'après, malheur à qui le vexe,
C'est le Canu, jamais le sabre en main,
Il n'a remis l'affaire au lendemain ;
Latour le suit : son cœur est en alarme
D'avoir perdu bride, selle, étriers,
Qu'il avait eus en emprunt d'un gendarme,
Il faut qu'il rentre à poil dans ses foyers ;
Voyez Numa, tel que le roi d'Itaque,
De l'héroïsme éprouvant les transports
Il a laissé chez lui son Télémaque,
Sa jeune épouse et d'immenses trésors ;
Voici Tharel, dans son effervescence,
Pour l'arrêter Thémis et sa balance
Feraient en vain d'inutiles efforts ;
Là c'est le brave et loyal Dabosville,
Des libéraux la fleur de notre ville,
Accompagné de Mignot, son égal ;
Voilà près d'eux un autre libéral,

Le grand Alfred, chevalier de la Manche,
Qui pour sa dame et redresser un tort,
Affronterait dix mille fois la mort :
Celui qu'on voit le poignet sur la hanche,
C'est le Laidier : entendez le récit
Du coup d'essai qu'il a fait cette nuit :
Voyant Mahieu sur sa monture grise,
Qui vers Cherbourg l'emportait endormi,
Il croit d'abord que c'est un ennemi :
Il fond dessus et ne voit sa méprise
Qu'après l'avoir roué de mille coups
Et ramené prisonnier parmi nous. »

 Au général, que ce trait faisait rire
Le colonel ne cessait de redire
De ses héros tous les talents guerriers.
Vous n'étiez pas exaltés des derniers,
Langouland, Jean, Caillet, Bourgeois, Lefebvre,
Banouard, Dubois, Amette, Lecouvé,
Cacheux, Blanval, Henry, Leblanc, Sauvé,
Flambart, Onfroy, Saint-Romain l'ex-orfèvre,
Et mille encor qui me sont inconnus.
Aux Valognais à la fin parvenus,
Il lui fait voir Pergeaux fort comme Hercule,
Près de Bertrand son redoutable émule,
Ils sont les chefs de combattants nombreux,
Fiers de marcher de pair avec nos preux,
Ils braveront la mort et les alarmes
Pour imiter de tels compagnons d'armes
A détacher des coups de braquemart ;
On voit après, aux ordres de Bernard,
De Montebourg l'élite patriote :
Ce sont Chilart, Dufour l'artificier,
Louis Féron et le Blanc le toilier,
Blache, Casin, Lachapelle, Guillote,

Et Piquenot sur sa jambe de bois,
Qui veut aussi combattre pour ses droits.
« Brave Chauffart, dit le chef de la place,
Vous commandez à des hommes vaillants,
Et sur ma foi Charles X et ses gens
Seraient bien fous s'ils vous bravaient en face ;
Mais ne craignez nul fâcheux résultat
Que puisse ici produire leur présence,
Ils sont forcés de sortir de la France,
Qui ne veut plus souffrir leurs coups-d'état ;
Or, dès demain, vos gens, sans nulle crainte,
Peuvent chacun regagner son enceinte ;
Annoncez-leur cet ordre de ma part. »
Disant ces mots et saluant la troupe,
Il se retire : en même temps Chauffart
Fait rassembler l'état-major en groupe,
Et fait savoir que chacun doit demain
De ses foyers reprendre le chemin.

En sens divers ces mots vont se répandre
Et dans les rangs ces cris se font entendre :
« Méfions-nous de notre colonel,
Il n'est qu'un faux constitutionnel ;
Voilà deux fois qu'il cherche à nous dissoudre,
A le chasser il faut tous se résoudre,
Car, que sait-on s'il n'aura pas promis,
De faire entrer chez nous les ennemis. »

A ces propos mille clameurs répondent ;
En un instant tous les rangs se confondent ;
C'en était fait du colonel Chauffart,
Si ses amis, pour lui sauver la vie,
Autour de lui n'eussent fait un rempart.
De ces mutins, pour calmer la furie,

Du général on obtient promptement,
Suspension pour le licenciement,
En espérant le retour du voyage,
Des députés qui vont dans un message,
Aller prier le maréchal Maison,
De ramener le tout à la raison.

Dans Carentan, non sans inquiétude,
Chacun voyait croître la multitude
De combattants : Caen, Bayeux, Isigny,
Saint-Lo, Périers, Coutances, Thorigny,
A chaque instant vomissaient des cohortes.
La ville était pleine jusqu'à ses portes,
On n'y pouvait trouver de logement ;
Les chefs, craignant que quelque événement,
Ne résultât d'une telle affluence,
Font pour Saint-Lo partir à toute outrance,
Sur des coursiers, Le Sellier fils, Tharel,
Accompagnés des deux Lebuhotel,
Gens reconnus dignes d'un tel message.
Soudain Chauffart, en chef prudent et sage,
Fait mettre un poste à chaque carrefour ;
Puis un bivouac en dehors du faubourg.
Enfin la nuit s'épanche sur la ville,
L'heure est sonnée où le chef de famille,
Pour le repos quitte son atelier ;
Le tambour bat, la trompette sonore,
A la retraite appelle le guerrier ;
Et les buveurs, en attendant l'aurore,
Vont à grands flots remplir les cabarets
Et les cafés tout brillants de quinquets.

FIN DU DEUXIÈME CHANT.

TROISIÈME CHANT.

 Ceux de tout temps qui troublèrent la terre
Furent l'envie et le Dieu de Cythère :
Témoin le grec aux remparts d'Ilion,
Qui pour venger Ménélas et Junon,
En flots de sang fit couler le Scamandre,
Mit le palais du vieux Priam en cendre,
Dans les combats fit périr tous ses fils,
Et des Troyens dispersa les débris.
Ces grands exploits et ces malheurs en somme,
Qui par l'envie ont sorti d'une pomme,
Avaient pour but de rendre à Ménélas,
Sa jeune épouse et ses divins appas ;
Mais à quoi bon ramener sur la scène,
La Grèce armée et ses combats sanglants
Junon, Pâris et l'inconstante Hélène,
Qui se faisait enlever tous les ans :
Sans recourir à ces antiques fables,
Dans mon sujet, il est des traits semblables,
Causés aussi par l'envie et l'amour,
Que dans, ce chant, je prétends mettre au jour.

J'ai déjà dit que le patriotisme,
De tous côtés excitant son élan,
Avait rempli les murs de Carentan,
De libéraux, qui de l'absolutisme,
Voulaient détruire à jamais jusqu'au nom,
Pour assurer la liberté publique,
Mais les guerriers de notre légion,
Les passaient tous en bon ordre en tactique ;
Aussi vers eux tout portait les regards,
L'accueil, les soins, les honneurs, les égards ;
Ce qui causa bientôt la jalousie,
De ceux, surtout, de Caen et de Bayeux ;
Chefs et soldats se demandaient entre eux :
« Qu'avons-nous fait à cette bourgeoisie,
Qui n'a pour nous qu'un insultant mépris ;
Les Cherbourgeois ont-ils donc tant de prix,
Pour mériter sur nous la préférence ?
De ces dédains sachons tirer vengeance,
Et nous verrons s'il faut dans Carentan,
Que Cherbourg marche avant Bayeux et Caen.

Comme on cherchait le coup qu'on devait faire,
« Je prends sur moi, dit Côme, cette affaire. »
Ce Côme était un maître de bâton,
Qui s'était fait dans Caen un grand renom.
« Venez, dit-il, avec moi dix ou douze,
Et je veux bien que le diable me touse,
Si je ne joue un tour aux Cherbourgeois
Dont il sera parlé plus d'une fois. »

Dix à l'instant acceptent la partie,
Gens d'une espèce assez bien assortie :
C'étaient Gaspard, héros de carnaval,
Flaux d'Isigny, Gagneux, Mahaut, Roixane,
Melchisedech, Robert de Sourdeval,

Lafleur, Duclos, le porte-faix d'Osane ;
Ces estafiers ont saisi le moment,
Que le matin, par sa fraîche rosée,
Faisait goûter les douceurs de Morphée ;
Qu'au cabaret ou bien au logement,
Nos défenseurs, en prolongeant la veille,
Avaient vidé tant de fois la bouteille,
Qu'on les voyait dormir, pour la plupart,
Près de leurs mets nageant dans le nectar.

L'air de patrouille aide à cacher leur feinte ;
Sans nul obstacle ils sortent de l'enceinte,
Et du bivouac, parmi l'obscurité,
Ils ont des feux aperçu la clarté,
Sur le chemin qui conduit à Saint-Côme.
Sans être vus, ils s'en sont approchés ;
Nos bivouaqueurs, pour la plupart couchés,
Autour du feu, faisaient leur premier somme,
D'autres droguaient ou buvaient le rogomme ;
Ce que voyant nos estafiers cachés
Sont accourus, et saisissant Adèle,
Sont lestement disparus avec elle ;
Mais par ses cris elle indique leurs pas,
Vers ces trois ponts où la Douve (1), grossie,
Court en hiver inonder la prairie.
Pour s'en venger, chacun de nos soldats,
Prend un tison et court à la poursuite.
Les ravisseurs sont atteints dans leur fuite,
Côme, en artiste, un bâton à la main,
Quelques moments dispute le terrain ;
Il a porté sa dernière vollée,
Et les tisons à leur tour font leur jeu ;

(1) La Douve, rivière qui passe près de Carentan.

Les assaillants combattant avec feu,
Passent le pont à travers la mêlée ;
Tous les efforts du fier Melchisedech,
Du grand Robert et du fameux Roixane
Ne peuvent plus les tenir en échec ;
Flaux est frappé d'un tel coup sur le crâne,
Qu'aux pieds d'Avoine il tombe foudroyé ;
Par Feuardent, d'Ozane est envoyé
La tête en bas au fond de la rivière ;
Melchisedech, qui vient pour le venger,
Reçoit un coup de Millet l'horloger,
Qui, presque mort, le renverse par terre ;
Côme fuyait avec la cantinière,
Mais un tison lancé par Sabourin,
Sans sentiment l'étend sur le terrain.

   Les coups, les cris, le feu, les étincelles,
Et les vaincus fuyant de toutes parts,
Sont entendus et vus des sentinelles,
Qui font le guet sur le haut des remparts.
En un instant les postes sont en armes,
Le tambour bat et répand les alarmes ;
De rue en rue on va criant tout haut,
Que Charles X prend Carentan d'assaut,
Qu'il a dessein de faire un grand carnage,
Des libéraux dans la ville enfermés,
Et que ses gens, de carnage affamés,
Par mille horreurs vont signaler leur rage.
Soudain, l'on voit sortir hors des cafés,
Des restaurants, cabarets et tavernes,
Qui, cette nuit, ont servi de casernes,
Force buveurs, par le vin échauffés,
Qui pour payer, n'ayant rien dans leurs poches,
Parmi la foule ont couru se cacher ;

D'autres, montés promptement au clocher,
A tour de bras carillonnent les cloches ;
Les cris aigus, le tocsin, le tambour,
Et de Froéba (1), la trompette éclatante,
Ont bientôt mis la ville et le faubourg,
Dans les transports d'une vive épouvante ;
Par la frayeur, on voit les citadins,
Courir tout nus à travers leurs jardins,
Croyant déjà que la ville est en flammes ;
D'autres cacher leurs filles et leurs femmes,
Pour les soustraire aux assauts des vainqueurs ;
De tous côtés on fait des barricades,
Les carrefours sont autant d'embuscades,
Tout d'un désastre annonce les horreurs.

La légion, qu'aucun danger n'arrête,
Est sur la place, et Chauffart, à la tête,
Anime ainsi le chef et le soldat :
« Fermes soutiens de notre indépendance,
Voici l'instant de marcher au combat ;
Pour assurer le repos de la France,
Purgeons le sol trop longtemps infesté,
De ces tyrans de notre liberté. »
A ce discours mille voix applaudissent ;
Mille défis dans les airs retentissent ;
Aux ennemis on jure guerre-à-mort.
A peine a-t-on prononcé sur leur sort,
Que tout-à-coup paraît la cavalcade
Des envoyés revenant d'ambassade ;
Ils font escorte à deux cabriolets,
Dont les chevaux, sans faire de relais,
Depuis Saint-Lo vont toujours ventre à terre ;
Le général subdivisionnaire

(1) Froéba, trompette de cavalerie.

En occupe un, c'est Proteau si vanté;
Dans l'autre, on voit le grand Lapommeraye,
Cet orateur qu'aucun danger n'effraye,
Du Calvados, célèbre député,
Le Cicéron, l'honneur de la tribune,
Quand il soutient la liberté commune.
Bientôt partout son nom est répété,
Le peuple en foule accourt sur son passage,
Fondant en lui son appui souverain;
Tel, Régulus revenant de Carthage,
Fut entouré par le peuple Romain.

Vers les guerriers aussitôt il s'avance;
Pour l'écouter on garde le silence,
Il parle ainsi : « Fils des Normands fameux,
De qui l'histoire a vanté le courage,
Lorsqu'il s'agit de braver l'esclavage,
Vous vous montrez aussi terribles qu'eux;
Mais modérez ces transports valeureux,
Paris a su, par un coup héroïque,
Lui seul briser le sceptre despotique,
La liberté triomphe pour toujours;
Un règne heureux va commencer son cours,
Qui vous promet le sort le plus prospère;
Dans votre roi, vous allez voir un père,
Autour de lui secondant ses bontés,
Ministres, pairs, orateurs, députés,
De tous vos droits vont prendre la défense,
Sans s'engraisser des trésors de la France;
Et de concert travaillant sans repos,
Amèneront la baisse des impôts.
Que les tyrans dans leur morgue et leur haine,
Hors de chez nous vexent l'espèce humaine;
Nous ferons voir aux yeux de l'univers
Que la valeur ne vit point dans les fers.

Du roi déchu ne craignez nulle atteinte,
Ses gens et lui sont trop saisis de crainte,
De leur forfait craignant le châtiment,
Leur marche a l'air d'être un convoi funèbre,
C'est à Cherbourg votre ville célèbre,
Qu'ils sont conduits à leur embarquement ;
Nous les devons en toute diligence,
Faire sortir des frontières de France,
Pour les soustraire aux fureurs des Canais,
Nous avons pris les chemins détournés.
Veuillez avoir pour eux plus d'indulgence,
N'aggravez point l'excès de leur douleur ;
Leur grand désir est d'obtenir l'honneur
Que vous vouliez former leur avant-garde
Ils se sont mis sous votre sauve-garde ;
Dirigez-vous dès l'instant sur Cherbourg,
Pour maintenir l'ordre sur leur passage ;
Quant à Paris, je serai de retour,
De vos vertus je rendrai témoignage,
Et redirai combien, dans un danger
La nation vous verrait la venger. »

A ce discours les plus fiers de l'armée,
Voyant aller leurs exploits en fumée,
Ne peuvent plus contenir leur fureur.
« Quoi ! disent-ils, en dépit de l'honneur,
Nous grossirions cette troupe ennemie,
Qui suit ce roi tout couvert d'infamie,
Auteur affreux du meurtre de Paris !
Loin d'attirer sur nous tant de mépris,
Allons plutôt anéantir ces traites,
Qui pensent bien redevenir nos maîtres,
Et nous courber sous leurs vexations
Avec l'appui des autres nations !!! »

Les exaltés que ces mots électrisent,
N'écoutent plus d'ordres qui les maîtrisent,
Et quelques-uns des plus exaspérés,
Jusqu'à Saint-Lo veulent qu'on court en masse,
Pour écraser le despote et sa race.
Dans leurs transports, d'autres plus modérés,
Dans Carentan disent qu'il faut l'attendre
On se divise, on ne peut plus s'entendre ;
Tel, on nous dit, qu'autrefois l'Eternel,
Pour mettre obstacle à la tour de Babel,
Des ouvriers confondit le langage,
Ce qui leur fit abandonner l'ouvrage ;
Ainsi la troupe au lieu de s'accorder,
En peu d'instants allait se débander :
Alors Dieu sait ce qu'allaient se permettre.
Maints effrenés toujours prêts à main mettre,
Lorsqu'abusant du mot de liberté,
Ils satisfont à leur brutalité ;
Si, de Chauffart, la sage prévoyance
N'eût prévenu ces excès de licence,
En appelant tous les chefs au conseil.
Sur le danger, chacun prenant l'éveil,
Offre un moyen que n'approuve personne ;
On se refute, on discute, on raisonne,
Tels au palais on voit des avocats
Se démener de la langue et des bras,
Pour expliquer, par cent phrases frivoles,
Ce qu'on dirait au plus en vingt paroles.
Pour en finir, notre nouveau Calchas (1)
S'exprime ainsi : « Messieurs en pareil cas,
Le temps qu'on perd à poser des entraves
Peut nous conduire à des malheurs très graves ;

(1) Lemagnen.

Voyez déjà la plupart de nos gens,
Prêts à courir les villes et les champs ;
On va les voir, ainsi que des Vampires,
Dans les châteaux des marquis, des barons,
Faire bombance et, raillant les vieux sires,
Avec mépris briser leurs écussons ;
Et puis de là courant les presbytères,
Des bons curés choyer les chambrières,
Boire leur vin, dévorer leurs jambons
Pour assouvir leurs appétits gloutons.
Ce n'est pas là le pire de la chose,
Tous ces excès vont devenir la cause
Que les curés, à l'aide des sermons,
Les signalant comme enfants des démons,
Profanateurs des saints et des reliques,
Vont irriter contre eux les fanatiques
Qui, s'attroupant comme à la chasse aux loups,
Vont les poursuivre et les assommer tous.
Pour empêcher ce désastre funeste,
Sachons saisir le moment qui nous reste ;
A nos foyers annonçons le retour,
Tous vont nous suivre. » Un avis aussi sage
A réuni l'unanime suffrage ;
Et dans l'instant le départ pour Cherbourg
Est annoncé par le son du tambour.
En même temps, l'avant-garde est formée
Des turbulents dont on purge l'armée :
Pour le départ le tambour bat soudain,
Et de Cherbourg, ils ont pris le chemin.

L'humide Auster rappelé par Eole,
Laissait régner Zéphire dans les airs :
Bientôt on vit sortir du sein des mers,
Du blond Phébus la brillante auréole ;

Déjà son disque élancé dans les cieux,
De ses rayons ranimait la nature,
Mille rubis qui brillaient de ses feux,
Embellissaient les fleurs et la verdure.
Nos preux guerriers, couverts de leur armure,
Qui lance au loin les éclairs les plus vifs,
Sont tous rentrés dans leurs rangs respectifs ;
Le colonel agitant son épée,
A signalé le départ de l'armée,
Qui sur trois rangs bientôt hors des ramparts,
A fait au loin voler ses étendards.

O Carentan qu'elle eût été ta gloire
Si, sous tes murs, le destin eut permis,
Qu'en un combat contre leurs ennemis,
Nos citoyens si dignes de mémoire,
Eussent fait voir combien la liberté
Porte un français à l'intrépidité !
Toute l'horreur du démon des batailles
Allait bientôt entourer les murailles ;
Les assaillants vivement repoussés
Auraient laissé de morts plein les fossés,
Et les fuyards, courant à perdre haleine,
Se seraient vus poursuivis dans la plaine,
Et sous le fer tombés par bataillons,
Leurs corps auraient engraissé les sillons.
Sur le récit de ces scènes tragiques,
On aurait vu les amateurs d'antiques,
De ce combat déterrer les débris
Pour en parer leurs salons, leurs portiques,
Et commenter sur eux de longs écrits,
Qui t'auraient fait un grand nom dans l'histoire ;
Mais par malheur ces fiers enfants de Mars
Ne t'ont laissé sur le champ de victoire,
Ni mousquetons, ni sabres, ni poignards,

Mais seulement des bouteilles cassées,
A leur bivouac des barrières brisées,
Quelques bâtons et des tisons éteints,
Qui des Canais ont chatouillé les reins
On dit aussi que la charmante Adèle,
En se sauvant perdit certain bijou ;....
Mais le trouver, je ne puis vous dire où,
Autant vaudrait, je crois, d'une chandelle
Chercher la flamme éteinte par le vent ;
A sa recherche on s'ennuierait souvent.
Mais retournons à ce qui nous regarde :
Il en est temps, car déjà l'avant-garde,
De Montebourg emplit les cabarets,
Croquant jambons, gigots, chapons, poulets,
Ni plus ni moins que s'ils étaient à tâche,
Sans pour payer qu'il soit moyen qu'on sache,
D'autant qu'aucun n'a d'argent au gousset,
Mais de leurs soins c'est bien le moindre objet.
Les plus fameux de ces faiseurs d'orgie
Qui, chez Dubost, prouvent leur énergie,
Sont Lerevert, Lelong, Langlois, Bourget,
Édet, Hébert, Legay, dit Boniface,
Il n'est gourmand que ce dernier n'efface.
Ces digérants se signalent si bien,
Qu'à l'aubergiste il ne reste plus rien.
Pour le dessert, on demande des pommes :
Dans la saison, dit Dubost, où nous sommes
Messieurs, ce fruit pour servir n'est pas mûr.
« Il nous en faut, répondit Boniface,
J'en vais trouver de bonnes, j'en suis sûr. »
Et tout-à-coup se levant de sa place,
Il court après la servante au cellier.
« Amis, dit-il, j'ai trouvé le pommier :
Je tiens déjà deux pommes de rainette,
Que l'on cachait dans une colerette. »

Dubost y court : « Ah ! coquin, lui dit-il,
Je savais bien que tu n'étais qu'un traître,
Un libertin, un suborneur subtil,
Dans ma maison tu veux faire le maître ?
Sors de chez moi ; mais préalablement,
Entre tous vous payez-moi promptement,
A vingt-huit francs j'estime la dépense. »
Ouf ! dit Bourget, attendez un moment,
Ceci vaut bien la peine qu'on y pense :
Quoi ! vingt-huit francs pour un demi repas !
Nous sommes sept, c'est quatre francs par tête !
Vous nous croyez des conscrits, n'est-ce pas ?
Un franc, chacun, ce sera bien honnête....
Comment, grédin ! tu me crois un fripon ?
Répond Dubost, vous avez un chapon,
Un mousquetaire, une oie, une salade,
Quatre poulets, trois livres de jambon,
Dix pots de cidre. Ah ! j'en serai malade ;
C'est vingt-huit francs, je n'en déduirai pas,
Ou que plutôt le diable vous emporte ;
Payez, sans quoi je vais vous mettre au pas.
Disant ces mots, il se met dans sa porte.
Entendez-vous, dit Hébert, ce hibou ?
Comme il nous traite ! allons au commissaire,
C'est lui qui va nous régler cette affaire.
Quoi ! tu voudrais nous retenir, vieux fou ?
Allons ! voyons ! dérange-toi qu'on passe !
Dubost tient bon, mais un coup le terrasse !
Il se relève et se met à crier
Pour son écot qu'on s'en va sans payer.
A Montebourg, en battre un c'en est trente
Qui dans l'instant vous tombent sur les bras.
Nos estafiers dans le même embarras,
Aux cris que font Dubost et sa servante,

Sont assaillis des voisins irrités,
A coups de poing doublement mérités..
Leurs compagnons, pour les tirer d'affaire,
Sont accourus de tous les cabarets ;
Et de la cause, en venant aux effets,
Ils ont bientôt fait mordre la poussière
A Jean Saillard, Jennet, Lefauconnier,
Prevost le sourd et Maubert le toilier,
Michel Leblond, Branville et Cuquemelle.
Leurs partisans, vaincus, épouvantés,
Allaient tous fuir à pas précipités,
Si tout-à-coup le Nachu-la-Chapelle,
Le Chevalier, Le Duc, Bacchus-Chillard,
N'étaient venus au combat prendre part :
Toiliers, bouchers, cordonniers tout s'en mêle,
Et sous les coups des rôtisseurs forains,
Qui sont armés d'instruments inhumains,
Les Cherbourgeois tombent comme la grêle ;
Ceux-ci, faisant de terribles efforts,
Ont, à leurs pieds, étendus presque morts,
Le Chevalier, d'Antovillle et Polacre ;
Mais aussitôt ces coups leur sont rendus,
Et sans pitié sur la place étendus,
Leurs ennemis font d'eux un grand massacre.
Un chevalier, (de Rampan est son nom),
Homme d'honneur, de noble extraction,
Compatissant, comme tous devraient être,
Voit ce combat non loin de sa fenêtre,
Et s'y transporte avec rapidité ;
Son aspect seul arrête le carnage,
Tant les vertus, l'honneur et l'équité,
Ont d'ascendant sur l'homme le moins sage !
O citoyens ! dit-il, que faites vous ?
Une avant-garde expire sous vos coups !

Savez-vous donc ce que fera l'armée,
Quand on l'aura de ce fait informée ?
Pour s'en venger, les soldats furieux,
Feront ici quelque coup désastreux.
Par tous moyens détournons la vengeance,
Dépêchons-nous, je cours trouver Chauffart,
Et lui parler de cette affaire à part,
Durant ce temps, qu'en toute diligence,
Des voituriers, par vos soins empressés,
Jusqu'à Cherbourg transportent les blessés.
Disant ces mots, il part pour son message.
Dans Montebourg tout est en mouvement ;
Et les blessés secourus promptement,
Peuvent déjà supporter le voyage,
Les charretiers arrivés à propos,
Ont sur la paille étendu les héros ;
Le convoi part et bientôt dans Valognes,
Ils sont reçus non pas pour des ivrognes,
Qu'à Montebourg on a si bien frottés,
Pour un repas payé d'une grimace,
Et deux joujoux que l'un d'eux a tâtés ;
Mais pour des preux qui défendant la place,
De Carentan, dans quelque dur combat,
Se sont trouvés réduits en cet état.
Le peuple en foule accourt sur leur passage,
Félicitant leur zèle et leur courage ;
On les console, on redouble de soins
Pour satisfaire à leurs moindres besoins,
Par de fins mets, du meilleur vin des caves.
Le temps qu'ainsi l'on restaure ces braves,
Il faut savoir que notre légion
Fait sa rentrée à Sainte-Mère-Eglise ;
Là, redoutant une nouvelle crise
Pour le besoin et par précaution,
Le maire avait de réquisition,

Fait réunir bon nombre de voitures,
Où les piétons, les talons écorchés,
Se sont soudain sur la paille couchés,
Pour appaiser leurs cuisantes tortures.
En cet état, les guerriers de Cherbourg,
Ont comme un trait traversé Montebourg,
Tant on voulait éloigner leur présence :
Valognes voit venir cette ambulance,
Qui fend les flots d'un peuple curieux ;
Chacun veut voir ces libéraux fameux,
Savoir leurs noms, connaître leur histoire,
Pour en garder à jamais la mémoire ;
Sur leur passage, accueillis et fêtés,
Par mille cris mille fois répétés,
De gloire aux preux sauveurs de la presqu'île !
Sans s'arrêter, ils traversent la ville,
Et cotoyant à pas précipités
Et Négreville et ses côteaux vantés,
L'arbre Tison (1) derrière eux bientôt passe ;
Ils sont déjà passés outre Délasse,
Et se laissant aller au grand galop,
Les charretiers leur font franchir d'emblée
La tourterelle où le val-Pannelot,
Le mont Auvergne et même la vallée,
Que le vulgaire appelle Parbasants,
Où, de ce lieu jadis les paysans
Tendaient la nuit, des cordeaux au passage ;
Là, faisant halte, ils ont tout à la fois;
Congédié charretiers et harnois,
Ne voulant pas que dans cet équipage,
Cherbourg les vît rentrer si tristement,
Lorsqu'ils en sont sortis si fièrement,

(1) L'arbre Tison, situé en la commune de Brix, fameux par son énorme grosseur : on le voit de 15 lieues.

Chacun reprend son rang sous sa bannière,
Et par ses sons la trompette guerrière,
De la colonne annonçant le retour,
Fait retentir les valons d'alentour :
L'âne y répond de sa voix éclatante,
Grenouille alors de plonger dans l'étang,
Lièvre de fuir, renard d'en faire autant ;
Oiseaux dans l'air de partir d'épouvante,
Et comme un trait le lapin délinquant,
De se sauver dans les rocs de Cloquant.

Après l'aspect de riantes campagnes,
Bientôt Cherbourg, à travers les montagnes,
De nos guerriers a frappé les regards.
Dans ses transports, la troupe belliqueuse,
A salué cette cité fameuse
Qui doit son être au premier des Césars.
Les chants guerriers dans les airs se confondent
Avec le son des clairons, des tambours,
De tous côtés les échos y répondent :
Les citadins qui, du haut de leurs tours,
Ont vu de loin au milieu des fanfares,
Leur légion, orgueil de la cité,
Fameux rempart de notre liberté,
Du champ d'honneur revenir à ses lares,
Sont accourus, au son des instruments,
Aux cris de joie, aux applaudissements,
La recevoir dans le vallon du Roule,
D'où les héros emportés par la foule,
Sont reconduits au sein de leurs foyers,
Sur un chemin parsemé de lauriers.

FIN DU TROISIÈME ET DERNIER CHANT.

EPITRE

A MON AMI ACHILLE LECORDIER,

MAITRE CORDIER A CHERBOURG.

Aux soins de mon état, occupé sans relâche
Depuis longtemps des vers j'avais quitté la tâche.
A quoi bon, me disais-je, avoir la vanité
De négliger, par goût et sans nécessité,
Un travail productif qui fait mon existence,
Pour vouloir aux savants disputer la science ?
N'est-ce pas déjà trop que de voir chaque jour
L'une, qui pour sa toile aspire à voir son tour,
L'autre, de qui l'amant est dans l'armée active,
Vouloir que je lui fasse une tendre missive ?
Assez souvent je n'ai que le temps de m'asseoir
Qu'il me faut pour la barbe, empoigner le rasoir
Ou jouer des ciseaux sur une chevelure,
Et de là tout à coup rentrant à ma tissure,

Me débattre des pieds, des mains et du coup-d'œil
Ainsi que dans sa cage agit un écureuil,
Si j'allais me mêler encor de poésie
Il faudrait bien que j'eusse un peu de frénésie,
Soulageons notre esprit de ce vain embarras,
C'est à Mathieu Lœnsberg le soin des almanachs.

Je me réjouissais dans mon état tranquille,
Que ma Muse devint de plus en plus stérile,
Mais en faisant ces vœux j'étais un imprudent,
Car, Achille, le bruit de ton triste accident
A fait sortir pour toi, du fond de ma pensée,
Ces vers, fruit d'une verve encor non épuisée ;
S'ils étaient sans mérite au moins ton amitié
Voudra bien faire grâce à plus de la moitié.

Au levant de Cherbourg et tout près de sa rade
Est de sable mouvant une vaste esplanade
Couverte de maisons de pieux et de râteaux
Où d'habiles cordiers exercent leurs travaux ;
Ces hommes endurcis au métier dès l'enfance
Des rigueurs des saisons supportent l'influence
En vain par les autans, la grêle et les frimats,
Le vieux septentrion désole nos climats,
En vain aux jours d'été l'ardente canicule
Redouble les ardeurs d'un soleil qui nous brûle ;
Le courageux cordier, le chanvre autour des reins,
Marchant à reculons, travaillant des deux mains
Bravant les vents fougueux, laissant gronder l'orage
Tout en se balançant file au loin son cordage.
Si quelqu'un par malheur lui disait en passant :
« Ami, que Dieu t'avance » il verrait à l'instant,
Que plus fier qu'un romain sur sa chaire curule
Le cordier répondrait : « Que Satan te recule. »

Et quel autre, après tout, sans trop d'ambition
Voudrait avoir le pas pour la condition ?
Combien ne sert-il pas les arts, l'agriculture ?
Du commerce, des mers il aida l'ouverture,
Sans lui fumerions-nous l'herbe de Tabago ?
Aurions-nous le café, le sucre, l'indigo,
Le girofle, le musc, l'acajou, le campêche ?
Granville, tous les ans, vivrait-il de la pêche
Et sans lui, pour la table aurions-nous en hiver,
La morue et le thon, le hareng sec et vert ?
Mais quelque autre rimeur avec plus d'énergie
Saura bien de cet art faire l'apologie.
Pour moi de le traiter, qui n'ai point le projet,
Je vais, sans plus tarder, rentrer à mon sujet.

Un beau soleil d'été brillait sur nos rivages
La mer était tranquille et le ciel sans nuages
La rade de Cherbourg se couvrait des bateaux
Que chaque jour la digue occupe à ses travaux.
Des groupes de baigneurs signalaient leur adresse
A nager au plus loin, avec plus de vitesse.
Près de là nos cordiers, maîtres et compagnons.
Depuis le point du jour tiraient sur leurs peignons
On voyait Duchemin travaillant en bon diable
Avec ses ouvriers qui fabriquaient un câble
A côté Lafresnaye et Valette Victor
Faisaient l'un de la ligne et l'autre du bitord,
De l'atelier Renaud, on voyait à la file
Poignant, Goubaux, Hercule et puis toi cher Achille,
D'un trois-mâts muletier vous filiez le grément ;
Toi, qui de tes amis, fit toujours l'agrément,
Du Dieu des bonnes gens tu chantais une strophe,
Quand de ton frère, hélas ! l'affreuse catastrophe
Sous un sinistre aspect vint frapper ton regard
De sa pipe un charbon s'échappe par hasard

Dans son chanvre, aussitôt la matière enflammée
Plus prompte que l'éclair succède à la fumée
Et dévore déjà ses habits, ses cheveux ;
On vole à son secours, mais, ô sort désastreux !
Sans s'occuper de soi, de ce péril extrême
On veut sauver Hercule, on s'y plonge soi-même.
Chacun se sent atteint par le feu le plus vif
Plus on cherche à l'éteindre et plus il est actif ;
La mer s'offre trop loin pour être secourable
Il faut un prompt remède on a recours au sable,
On s'y roule, on s'en couvre, et de l'embrasement.
Les rapides progrès sont éteints promptement,
C'est alors que du feu les suites malheureuses
Arrachent à chacun des plaintes douloureuses
Un tourment qui les ronge et n'a point de repos.
Semble en les dévorant pénétrer jusqu'aux os.
L'un, du nez au menton, a les lèvres brûlées
L'autre voit ses deux mains de leur peau dépouillées.
Un autre est en danger de perdre les deux yeux
Et n'a plus ni sourcils, ni barbe, ni cheveux.

 Faut-il donc chers amis Poignant, Hercule, Achille,
Qu'à vos maux je n'aie eu le talent d'être utile,
De votre guérison me faisant un devoir
Vous m'auriez bientôt vu signaler mon pouvoir ;
Mais de la médecine ignorant la science,
Je ne puis autrement vous donner connnaissance
Combien mon cœur sensible à votre affreux revers
Porte un vif intérêt, qu'en vous traçant ces vers.

LA FONTAINE MINÉRALE

DU ROULE.

Est-ce Esculape ou bien est-ce l'amour
Qui fait au Roule, avant l'aube du jour,
Des Cherbourgeois assembler l'affluence,
Pour s'y livrer au plaisir de la danse ?
Si j'étais juge en cette occasion,
Je trancherais tout net la question ;
A Cupidon adjugeant l'avantage,
Quoi qu'il en soit, le spectacle est charmant,
Quand cent beautés à la fleur du bel âge,
Au pied mignon, teint frais, léger corsage,
Traits où sont peints le charme et l'enjouement,
Par des chemins tapissés de verdure,
Viennent se rendre à cette source pure,
Qui leur promet la joie et la santé.
A flots pressés, au rendez-vous fidèle,
Nos céladons, la fleur de la cité,
Assidûment accompagnent nos belles,
Ayant pour but, dans leurs soins complaisants,
De captiver ces objets séduisants.

C'est dans le fond du vallon solitaire,
Sous les rameaux d'un chêne spacieux,
Qu'on voit jaillir cette onde salutaire
A tous les maux, remède spécieux.
De cet enclos l'active métayère,
L'écuelle en main, dans l'espoir d'un salaire,
Partage à tous son trésor précieux.

L'effet s'opère, et chacun dans son âme,
Se sent épris d'une amoureuse flamme ;
A la langueur succède les désirs,
L'amour qui vise à plus d'une conquête,
Voyant l'instant de préparer la fête,
Fait aussitôt, sur l'aile des zéphirs,
Venir les jeux, les ris et les plaisirs.

Dans un carré qu'ombrage le vieux chêne,
De Terpsichore on a dressé l'arène ;
Un virtuose, instruit par Apollon,
Fait sous l'archet sortir d'un violon,
Des sons légers marqués par la cadence.
Avec transport on se livre à la danse ;
Un beau danseur, avec dextérité,
Pour le début étale sur la scène,
Tout ce que l'art a de mieux inventé.
Il est de tous tellement imité,
Que bientôt lasse on voit plus d'une Hélène,
Sous le feuillage aller reprendre haleine,
Et maint Pâris, épris de leurs appas,
Quitter la danse et courir sur leurs pas :
C'est là qu'amour en tapinois les guette,
Le temps qu'Iris, d'un regard curieux,
S'amuse à voir une tendre fauvette
Et son amant qui se prouvent leurs feux.
Le dieu malin, caché sous la ramée,
Lui lance au cœur une flèche enflammée,
Le feu secret qui pénètre en ses sens,
Se voit déjà sur ses traits languissants ;
De cette flamme elle veut se défendre,
Mais elle porte un regard doux et tendre,
Sur son amant des mêmes feux épris,
Et ce regard est aussitôt compris.

Iris, pourquoi recourir à la danse,
Pour rétablir le calme dans ton cœur ;
Rends-toi, rends-toi, l'amour est ton vainqueur ;
D'ailleurs tu cours où règne sa puissance,
Vois ces amants, de plaisir transportés,
Que Cupidon par son charme a domptés,
En cent façons déployer leur adresse.
Pour captiver le cœur et la tendresse,
Des chers objets dont ils sont enchantés.
Il faut céder quand le bonheur appelle,
Le temps qui fuit emporte sur son aile,
Les jeux, les ris, l'amour et les saisons.
Enfin Iris a compris ces leçons,
Et sans tarder plus longtemps à se rendre,
De son amant elle accepte la main.
Tous, à l'envi, par la main vont se prendre,
On fait un rond autant qu'il peut s'étendre,
Et le refrain qui remplit le vallon,
Fait la cadence avec le violon.

Déjà Phébus parcourant sa carrière,
Par les rayons de sa vive lumière,
A dissipé la fraîcheur du matin,
Et moissonné les perles de l'aurore,
Qui de la rose embellissaient le sein,
Et décoraient tout l'empire de Flore.
De ce moment les jeux de Terpsichore,
Sont suspendus, remis au lendemain.

La danse a mis nos belles tout en nage,
Mais un instant de repos à l'ombrage,
Rend à leurs yeux tout leur divin éclat,
Et sur leur teint laisse un vif incarnat.
La multitude assiège la fontaine,
Pour le départ on boit à perdre haleine,

Même il en est qui par précaution,
Ayant eu soin d'apporter des bouteilles,
Vont épuiser pour leur provision,
Cette eau qui fait des cures sans pareilles,
Sur les vieillards décrépits ou goutteux,
Les languissants, les esprits flegmatiques,
Et ceux enfin, d'intempérance étiques,
Qui de l'amour ont épuisé les feux.

   Mais je m'oublie et quel est mon délire,
Le temps qu'ainsi je m'amuse à décrire,
Ces affligés qui cherchent guérison.
Tous nos amants du suprême bon ton,
A qui surtout, j'ai consacré ma lyre,
En modulant l'air gai d'une chanson,
D'un pied léger ont quitté cet asile,
Pour regagner le séjour de la ville ;
Suivons leurs pas, je les vois deux à deux,
Et la plupart s'écarter de la foule,
Pour s'exprimer leurs penchants amoureux.
Tous sont déjà sur le rond point du Roule,
L'orme en berceau dont ils sont entourés,
Cette eau qui coule avec un doux murmure
Et ces rochers que l'art et la nature
Ont à l'envi richement décorés,
Tout les enchante et l'amour les engage
A faire encore une ronde à l'ombrage
Pour terminer, en ce riant séjour,
Tous les plaisirs et les jeux de ce jour :
Les céladons invitent leurs compagnes,
Des chants joyeux s'élèvent dans les airs,
C'est au moment que l'écho des montagnes
Résonne au loin de leurs tendres concerts,
Ami lecteur, que je trace ces vers.

TRAIT DE COURAGE

DU

JEUNE BOISSIÈRE, DE CHERBOURG,

QUI, EN EXPOSANT SES JOURS, A RETIRÉ DE LA MER LE NOMMÉ
JEAN NOYON, AGÉ DE 26 ANS, QUI ÉTAIT SUR LE
POINT DE PÉRIR, EN 1834.

Au plus chaud de l'été, j'errais sur le rivage,
Là venaient des baigneurs s'exercer à la nage ;
Je contemplais la mer, mes yeux suivaient les flots,
Qui venaient sur le bord se briser sans repos,
Et couvrir dans leur flux la sablonneuse arène,
Quand je vois près de moi courir à perdre haleine,
Un homme et puis son fils : leurs pas précipités,
L'effroi peint sur leurs traits, tous leurs sens agités,
Et du plus prompt secours chacun marquant le geste,
Tout prouve qu'ils ont vu quelque accident funeste.
J'avance pour les suivre : O spectacle effrayant !
Je vois entre deux eaux un nageur se noyant,

Qui, n'ayant plus le sens de regagner la rive,
Disparaît et revient, dans cette alternative,
Perdant tout sentiment, écumant et sans voix,
Il allait s'engloutir pour la dernière fois ;
Quand tout à coup Boissière, au sein des flots s'élance,
Son fils le suit de près et bientôt le devance ;
Le père est trop ému, le fils plus rassuré
Atteint le malheureux avant qu'il soit sombré ;
D'un intrépide effort au-dessus de son âge (1),
Il le saisit, l'enlève et l'emporte au rivage,
Où d'un si grand danger ses compagnons témoins,
Encor tremblants d'effroi lui prodiguent leurs soins.

A ce trait courageux ton nom, jeune Boissière,
A bientôt de Cherbourg rempli la ville entière,
Et pour prix décerné, l'on voit d'un noble éclat,
Ton front ceint de laurier des mains d'un magistrat. (2)
Poursuis cœur généreux ! ! ! ce courageux prélude,
Est un signe assuré que les fruits de l'étude,
Doivent produire en toi les talents réunis,
La gloire de ton père et l'honneur du pays.

---

(1) Quinze ans.
(2) Outre cette marque d'encouragement qui lui fut donnée à la distribution des prix du collége, il a reçu une médaille d'argent de la part de M. le ministre.

REMÈDE CONTRE L'ESQUINANCIE

A quelque chose un mal est nécessaire,
Puis qu'ici bas rien ne se fait envain,
Et pour porter un jugement certain,
Il faut souvent voir la fin d'une affaire ;
Le fait suivant, par témoins attesté,
Donnera preuve à cette vérité.

En remontant le cours de la Divette,
Jusqu'au midi de la Roche-qui-Pend,
Sur le côteau que l'on voit au couchant,
De Rose-Adam on trouve la guinguette,
Là des buveurs s'étant mis en goguette,
S'en revenaient folâtrant en chemin ;
Ils arrivaient près du moulin Herquin.

En s'amusant, l'un d'eux ne crut mieux faire,
Que de lancer rudement une pierre
Contre un cheval qui paissait dans le pré;
Le coup se trouve adroitement miré,

Et l'animal s'élance avec vitesse ;
Tous à l'envi de marquer leur adresse
Sur les objets qui frappent leurs regards ;
Les chiens, les chats, les poules, les canards,
Sentant sur eux tomber les projectiles,
A se sauver prouvent qu'ils sont habiles,
Mais la plupart sont déjà terrassés
Par tant de coups qui sur eux sont lancés.

Normand, ce chien si fameux à la chasse,
Et si fidèle à garder le logis,
Etait le seul devant les ennemis
Qui résistait et les bravait en face,
Loin de s'enfuir il avançait sur eux,
Mais un caillou qu'il reçoit sur l'échine,
Presque éreinté, l'envoie à la cuisine,
Poussant dans l'air des hurlements affreux ;
Un meunier sort entendant ce tapage,
Et s'adressant aux auteurs du carnage :
Quoi ! leur dit-il, vagabonds effrontés,
Qui vous a pu, sur nos propriétés,
Donner le droit d'en agir de la sorte ?
Retirez-vous, sinon vous allez voir
Qu'on vous fera suivre votre devoir.

Après ces mots, la brutale cohorte,
Lance aussitôt des pierres à foison,
Sur le meunier qui leur parlait raison,
Et lui, voyant qu'on l'insulte à son poste,
Sans fuir d'un pas vaillamment il riposte,
Et contre tous accepte le combat ;
Pour lui son maître eût été d'un grand aide,
Mais il était gisant sur un grabat,
Des médecins réputé sans remède ;

Son mal était à la tête porté,
Et de son sang on voyait l'âcreté,
Charger ses yeux de nuances vermeilles,
Et de bourgeons son gros nez épaté ;
Sa tête était de grosseur sans pareilles,
Ceinte d'un linge au-dessous des oreilles,
De son visage affublant la moitié,
Bref, de le voir c'était vraiment pitié ;
Dans son délire, il entend la cohue,
Qui, près de là se passait dans la rue,
Sautant du lit avec émotion,
Il sort, il voit François, son domestique,
Qui signalait son courage héroïque,
Combattant seul toute une légion.
Fier d'imiter l'ardeur de ce grand homme,
Aux ennemis, il court comme un fantôme,
Trois sont par lui, jetés dans un fossé,
Un quatrième est sur eux entassé ;
La bande allait bientôt prendre la fuite,
Quand, par malheur, un de ces forcenés,
A tour de bras lui détache au plus vite,
Un gros caillou justement sur le nez ;
Son sang jaillit, il tombe à la renverse ;
A travers champs la troupe se disperse,
On le relève, il est sans mouvement,
On le remet sur son lit promptement ;
L'air retentit des clameurs de sa femme,
L'un court au prêtre et l'autre au médecin,
Le docteur dit qu'il le voit à sa fin,
Et le curé fait prier pour son âme.
A deux genoux, les nombreux assistants;
Auprès du lit, devant une chandelle,
De tous les saints lisent la kyrielle,
Ainsi qu'on fait pour les agonisants.

La nuit se passe à veiller le malade,
Qui ne remue et ne dit pas un mot ;
Au point du jour on l'entend faire un rot,
On croit qu'il part pour la longue embassade,
Les plus hardis vont ouvrir les rideaux,
Le moribond sur son séant se lève,
Aussi surpris que s'il sortait d'un rêve,
Voyant son lit entouré de flambeaux ;
Il veut savoir pour quel sinistre usage,
On voit du deuil chez lui tout l'entourage ;
On le rassure, on lui dit la raison,
Qui de sanglots remplissait sa maison.
Plus étonné que je ne puis le dire,
Tâtant son nez, il se met à sourire :
« Rassurez-vous, leur dit-il, je suis mieux,
Sans nul effort j'ouvre et ferme les yeux,
De gonflements ma gorge est dégagée
Et d'un grand poids ma tête est allégée ;
La faim me presse et la soif me poursuit ;
Pour dissiper l'horreur de cette nuit,
Dépêchez-vous d'embrocher la volaille,
Qui fut hier victime du combat,
Qui m'a causé cet heureux résultat,
Qu'on perce aussi ma meilleure futaille,
Que nous fêtions jusqu'à demain matin,
Ma guérison par un joyeux festin. »

Ainsi, lecteur, quand une esquinancie
Viendra soudain menacer votre vie,
Suivez l'avis que je viens d'expliquer
En vous faisant sur le nez appliquer
Un si bon coup que le sang en jaillisse,
Il n'est moyen plus sûr qui vous guérisse.

CHANSON

CHANTÉE AU BANQUET DONNÉ LE 27 AOUT 1847, A L'ERMITAGE,
PAR JACQUES HEUZET, MAITRE PAVEUR, A SES CONFRÈRES,
PAVEURS ET CARRIERS DU ROULE, A L'OCCASION DE LA FÊTE
St ROCH, LEUR PATRON.

Paveurs et vous carriers du Roule,
Piqueurs de marbre ou de granit,
A la fête venez en foule,
Du patron qui nous réunit ;
Autour de cette table ronde,
A la gaieté que tout réponde ;

En fêtant Saint-Roch
Que l'on vide un broc,
Et le verre en main qu'on redouble le choc,
En trinquant à la ronde. (bis)

Cités où règne l'opulence,
Palais des rois et des beaux-arts,
Qui vous eût donné l'existence ;
Sans les burins et les panards. (1)
Cherbourg a su maîtriser l'onde,
Par sa digue immense et profonde ;
En fêtant, etc.

(1) Outils pour extraire et fendre la pierre.

Saint-Roch, pour compagnon fidèle,
Avait son chien nommé Printemps ;
Le nôtre est son parfait modèle,
Il est un de ses descendants,
Sa race est illustre et féconde
Qu'on lui fasse une panse ronde
    En fêtant, etc.

Grand saint de la voûte éternelle,
A tes enfants donne tes soins,
Qu'ils aient amitié fraternelle,
Un secours à tous leurs besoins,
Une maîtresse brune ou blonde
Un tonneau plein jusqu'à la bonde

    En fêtant Saint-Roch
    Que l'on vide un broc,
Et le verre en main qu'on redouble le choc,
    En trinquant à la ronde. (bis).

UNE MYSTIFICATION.

L'homme assailli par la clameur publique,
Peut se trouver dans un état critique,
Et l'on a vu, faute d'être entendus,
D'honnêtes gens assommés ou pendus ;
A ce sujet, écoutez une histoire,
Qui m'est encor présente à la mémoire,
Et si quelqu'un voulait la contester,
Tout Montebourg est là pour l'attester.

On se souvient qu'en juin mil huit cent trente,
Quand le démon des conspirations,
Mettant en jeu ses machinations,
Dans les hameaux répandait l'épouvante,
Incendiant les toits des laboureurs,
Sans qu'on en pût découvrir les auteurs.
De ces malheurs on recherchait la cause,
Les uns disaient : « Ce n'est pas autre chose,
Que Charles X qui poursuit ses projets,
De retirer la charte à ses sujets,
Et par le feu menaçant la fortune,
Des orateurs qu'il craint à la tribune,
Il les contraint à garder leurs manoirs. »
D'autres disaient : « Non, il n'est pas probable,
Que Charles X, dont le cœur est affable,
Soit l'instrument de complots aussi noirs ;
Disons plutôt qu'on vise à la couronne,
Et qu'à dessein on fait des mécontents,
Pour en venir à le chasser du trône. »

« Vous vous trompez, répondaient d'autres gens,
Quand vous croyez découvrir l'origine,
De ces malheurs qui causent votre ruine,
Dans Charles X et les conspirateurs ;
Connaissez mieux quels en sont les auteurs,
Dans ces agents qui contre l'incendie,
Sur tous vos biens vous donnent garantie,
A tant par an, dont ils font leur profit,
Et qui voulant grossir leur clientèle,
Sur les plus sourds font ces tours de ficelle ;
Alors la peur fait que chacun souscrit.
Leurs affidés, qui n'ont point de demeure,
Et que partout on rencontre à toute heure,
Rôdant la nuit, pendant le jour couchés,
Dans les halliers, dans les champs, dans les blés,
Sont tous porteurs de mèches phosphoriques,
Et sont si fins à jouer leurs rubriques,
Qu'est-on sur eux un moment en repos,
On voit brûler sa maison sur son dos. »

Tous ces faux bruits répandaient les alarmes,
De tous côtés les villageois en armes,
Dans leurs hameaux la nuit faisaient le guet ;
Un étranger près d'une sentinelle,
Qui pour fumer eût battu le briquet,
En eût été bientôt pour sa cervelle.
On signalait comme étant dangereux,
Les gens barbus, portant de longs cheveux,
Ceinture en cuir, casquette sur l'oreille,
Blouse en coton, ventre creux de la veille.
Et que la faim rendait entreprenants :
Malheur à ceux que dans cette posture
On eut trouvés égarés dans les champs.
Sans redouter cette mésaventure,

Deux Cherbourgeois qui pavaient Montebourg,
Pierre Heuzet et Louis Hainneville,
D'un grand matin étant sortis du bourg
Etaient allés trinquer à Joganville
Ils s'animaient en joyeux compagnons
A déguster le nectar délectable
Quand du sommeil la force insurmontable
Vint mettre fin à leurs libations ;
Déjà Heuzet, la tête sur la table
Mettant en jeu l'orgue de ses poumons
Faisait trembler les rats des environs ;
L'autre buveur trouva plus convenable,
Dans son sommeil pour n'être poin troublé
D'aller dormir au bord d'un champ de blé.
Le débitant réclamant la dépense,
Fait à Heuzet reprendre connaissance,
Qui, se voyant en gage pour l'écot,
Tire sa bourse et s'acquitte aussitôt
En murmurant contre son camarade
Qui lui jouait une telle escapade,
Et dès l'instant, il part pour Montebourg.
Une heure après, des gens de Joganville
Sur leur passage entendant un bruit sourd,
Passent la haie et trouvent Hainneville
Qui sur le dos soufflait à plein gosier,
« Bon ! dit l'un deux, en voilà du gibier,
Ce brûleur là ne se fait pas de bile
Il a bien l'air d'en prendre pour huit jours.
Hé notre ami ! dormirez-vous toujours ?
Levez-vous donc, c'est la nuit qu'on sommeille. »
Notre dormeur en sursaut se réveille
En demeurant on ne peut plus surpris
Quant au collet surtout se voyant pris
Par six gaillards d'une large encolure
Qui de marcher lui font commandement.

Sur le sujet d'une telle aventure
Il veut savoir le pourquoi, le comment ;
On lui répond qu'on le conduit au maire,
Pour s'expliquer, que s'il veut le contraire
On saura bien l'y mener vertement :
Il marche donc, faisant triste figure.
Les villageois fiers de cette capture
Prenaient grand soin qu'il ne leur échappât,
Il est enfin devant le magistrat,
Qui tout-à-coup prenant un air sévère
En le fixant lui dit : « Soyez sincère,
Et faites moi la déclaration
De votre nom, votre âge, domicile,
D'où vous venez, votre profession. »
« Mon nom, dit l'autre, est Louis Hainneville,
J'ai quarante ans et je suis d'Octeville,
Entrepreneur de pavage à Cherbourg,
Pour le moment pavant à Montebourg. »

« Quels sont ces noms ? Hainneville, Octeville
Maître paveur à Cherbourg, Montebourg,
Cela n'a l'air que d'être un calembour ;
Je veux avoir des preuves authentiques,
Allons, Messieurs, ôtez-lui ses habits,
Examinez si dans quelques replis
Il n'aurait point des mèches phosphoriques. »
Voilà notre homme aussitôt dépouillé
Et sur-le-champ exactement fouillé,
Même tâté par dessus sa chemise,
Sans qu'on lui trouve aucune marchandise
Qui donne trait au métier de brûleur ;
Le maire encor demeuré dans l'erreur,
A l'accusé fait reprendre ses hardes
Et le faisant entourer de ses gardes,

Son fils en tête, armé d'un gros bâton,
Il les envoie au chef-lieu de canton,
Leur enjoignant que s'il fait le rebelle
De lui donner une bonne leçon.

Dans Montebourg, on apprend la nouvelle
Que sous escorte on amène un brûleur
Dont la laideur ferait peur aux corneilles
Pris dans les blés en faisant le dormeur ;
Ces bruits à peine ont frappé les oreilles
Que Montebourg est tout en mouvement ;
Sur le chemin chacun court promptement,
Et c'est à qui verra le misérable :
Enfin, voici venir ce grand coupable,
Toujours conduit par ces six villageois,
A qui bientôt cent gamins font escorte.
Dans Montebourg, il entre de la sorte,
Un vrai danger s'offre à lui cette fois,
Un monde entier est là qui le regarde,
Faisant sur lui mille imprécations,
Et sans l'appui que lui prêtait la garde,
Il eut péri sous d'affreux horions :
Pour comble encore, une vieille borgnesse,
L'œil tout en feu, fendant partout la presse,
Dans sa fureur tâchait de l'approcher,
Tenant en main un quartier de rocher,
Avec dessein de lui briser le crâne ;
Mais la police, à l'instant qui survient,
Se faisant jour par quelques coups de canne,
Conduit l'escorte et celui qu'elle tient,
Devant le maire en interrogatoire :
Le prévenu, racontant son histoire,
S'exprime ainsi : « Je loge au Luxembourg,
Je suis paveur, mon nom est Hainneville,

Heuzet et moi nous pavons Montebourg :
Etant ensemble allés à Joganville,
Nous avons bu d'un cidre capiteux,
Qui nous a mis à dormir tous les deux.
Heuzet ronflait la tête sur la table,
J'ai trouvé mieux pour n'être point troublé,
D'aller dormir au bord d'un champ de blé.
Je me trouvais dans un songe agréable,
Lorsque ces gens, d'une humeur intraitable,
M'ont réveillé me croyant un brûleur,
Et sur-le-champ m'ont conduit à leur maire,
Qui, partageant avec eux cette erreur,
Leur ayant dit ce qu'il fallait me faire,
Ils m'ont mis nu, fouillé comme un voleur,
Sans, d'un brûleur, me trouver nul indice.
Ce magistrat, pour moi plein de mépris,
M'a fait soudain reprendre mes habits
Et me traduit devant votre justice. »

Le maire ayant mandé Lechevalier,
Du Luxembourg, c'est le maître hôtelier,
Heuzet l'avait instruit de l'aventure,
Levant la main, devant le maire il jure
Que Hainneville est un homme d'honneur ;
Depuis un mois, il l'a chez lui logeur,
Que de son lit, jamais il ne découche
Et n'a jamais le mensonge à la bouche.

Le magistrat, sur cette assertion,
De toute charge acquitte Hainneville,
Tout en faisant cette observation,
Qui s'adressait aux gens de Joganville :
Que tout dormeur, à l'ombre des buissons,
N'est pas toujours un brûleur de maisons.

SOUVENIRS

SUR

LA GLACERIE DE TOURLAVILLE.

AVANT-PROPOS.

La manufacture des glaces établie à Tourlaville, au milieu de la forêt de Brix, en 1666, était la seule qu'il y eût en France à cette époque; elle avait à sa tête une compagnie formée de riches et puissants seigneurs, et portait le titre de Manufacture Royale des glaces. Elle occupait de sept à huit cents personnes de divers états et professions, mais entre tous, les verriers faisaient corps à part et formaient en quelque sorte une petite aristocratie; leurs femmes brillaient par leurs riches vêtements et leurs belles toilettes; elles étaient les bonnes pratiques des marchands merciers de la rue au Fourdray, à Cherbourg. Les cherbourgeoises, qui, dans ce temps-là, cuisaient toutes leur pain, n'allaient jamais acheter le blé à la halle le jour de marché qui suivait le paiement des ouvriers de la Glacerie, car les verriennes y venaient mettre l'enchère, sur celui de première qualité.

Par malheur pour cette manufacture, la Compagnie en fonda une autre à Saint-Gobain, plus avantageusement située par sa proximité de Paris; celle de Tourlaville, devenue sa succursale, et n'ayant plus pour s'alimenter, la forêt de Brix, qu'elle avait détruite, cessa d'être exploitée en 1806; seulement on reprit le travail en 1818, pour dépenser le reste des approvisionnements, en fabricant du verre à vitres; puis, en 1834, la Compagnie fit vendre l'établissement et les terrains qui en dépendaient, en quatre lots, l'un desquels fut acheté par le sieur Lemagnen, fripier à Cherbourg, à dessein de faire démolir la chapelle, qui en faisait partie; le chapelain l'en détourna, lui conseillant d'en tirer parti en y faisant quêter pour son compte aux offices des dimanches et jours de fêtes, ce qu'il entreprit, mais les scènes comiques et violentes qui en résultèrent le mettant en perte et en danger, lui firent bientôt comprendre qu'exploiter une église n'était pas son affaire; c'est pourquoi il se dépêcha de revendre sa chapelle à M. de Beaumesnil. Voilà le sujet du poëme qu'on va lire.

SOUVENIRS

sur

LA GLACERIE DE TOURLAVILLE,

POÈME HISTORI-COMIQUE.

PREMIER CHANT.

Puisque le temps, dans sa marche constante,
Va moissonnant avec sa faulx tranchante,
Les monuments, les générations,
Les grands États, efforts des nations ;
Puisque Caron fait passer dans sa barque
L'adolescent ainsi que le barbon,
Et le berger à côté du monarque,
Et qu'après eux, s'il reste encore un nom,
C'est que quelqu'un a pris soin dans l'histoire
De le transmettre à la postérité.

Que de talents, de vertus et de gloire
Seraient perdus sans cette faculté !
Profitons-en pour laisser en mémoire
Les faits suivants tels qu'ils ont existé.

On m'avait dit que de la Glacerie
Le beau domaine allait être vendu ;
Au jour fixé, là je m'étais rendu,
Voulant encore une fois dans ma vie,
Voir ces côteaux si touffus au printemps,
Ce beau vallon, ces établissements,
Où s'exerçait une heureuse industrie,
Si profitable à tous les habitants.
Dans un travail actif et sans relâche,
Exactement payés deux fois par mois,
Ces ouvriers savaient remplir leur tâche.
Le vrai bonheur habitait sous leurs toîts.
Mais la fortune est partout si changeante !
La Glacerie, autrefois si brillante,
Par sa gaîté, son luxe du bon ton,
Par son beau sexe, au type d'élégance,
Par ses verriers, fiers jusqu'à l'arrogance,
N'offre aujourd'hui qu'un aspect d'abandon.
On n'y voit plus l'atelier de Guesdon
Utilser le mortier, la truelle ;
Louis Lamare, avec ses charpentiers,
N'y dresse plus de toîts en madriers,
Et les couvreurs, Vicaire et Larochelle,
A découvert laissent les ateliers,
Qui, pour toujours, sont déserts d'ouvriers.
La halle aussi, sous sa double toiture,
N'abrite plus, nus jusqu'à la ceinture,
Ces noirs verriers, qui dans leurs durs travaux,
Près des brasiers, des fours et des fourneaux,

Vitrifiaient à leur gré la matière,
La transformaient, du vent de leurs poumons,
Au bout d'un tube, en un globe de verre,
Qu'ils travaillaient ensuite en cent façons.

On n'y voit plus ces files de charrettes,
Qui transportaient les arbres en tronçons,
Que, dans la cour, les bras des bûcherons
Changeaient bientôt en grands tas de buchettes,
Qui de la halle alimentaient les fours,
Grands destructeurs des bois des alentours.

Seigneurs de Brix, dont la haute puissance
Faisait partout sentir son influence,
Vous, qui faisiez jeter dans un donjon,
Un braconnier, pour la mort d'un pigeon,
Montrez-nous donc cette forêt immense
Sous votre nom si réputée en France !
Qui de Cherbourg bordait le littoral,
Allait s'étendre aux bords de Négreville,
Et limitait Saint-Jouvin, Tamerville,
Le Pont-Cosnard et le Mesnil-au-Val (1).
Rien ne résiste à la puissance humaine.
Sans respecter le pouvoir féodal,
La Glacerie, entrant dans ce domaine,
La hache en main, en destructeur brutal,
A fait tomber vos chênes séculaires,
Qui sur les monts étouffaient les bruyères ;
Vos grands taillis qui comblaient les vallons,
Pour décorer, de glaces, les salons.
Mais elle aussi va bientôt disparaître !
Depuis longtemps ses fourneaux et ses fours
Ont vu leurs feux s'éteindre pour toujours.

(1) La forêt de Brix avait 16 kilomètres de longueur et 8 de largeur.

Tout va changer de nature et de maître.
De tous côtés je vois déjà paraître
Force marchands, rentiers, cultivateurs,
Fripiers, gens d'art, tous ces spéculateurs
Viennent pour faire une bonne capture
Sur les débris de la manufacture,
Et les terrains dépendant de son droit.
Alors Mauger, notaire de l'endroit,
Homme exercé, de probité notoire,
De son gousset tire son écritoire
Et fait à tous prêter attention,
Leur expliquant la composition,
L'abornement, le nom, la contenance,
Les droits actifs ou toute redevance
De chaque objet d'adjudication.

On met à prix, on relance, on s'anime,
Dix mille francs sont tout comme un centime.
A Langouland, Dumoncel, Mondésir,
Sont adjugés bois, champs, moulins, prairies,
Maisons, jardins, dignes d'un Grand-Visir,
Halles, hangars, ateliers, écuries,
Tout le faubourg logeant les ouvriers.
Restait encore à vendre la chapelle,
Pour faire un lot, on mettait avec elle
Quelques maisons, un verger à pommiers.
Bah ! disait-on, acheter une église,
Qu'en ferions-nous après l'avoir acquise ?
Elle n'a plus le plus chétif obit,
Pas un seul saint, du plus moindre crédit,
A qui l'on pût faire un pélerinage ;
La démolir serait pourtant dommage !
Le chapelain a des écus sonnants,
De l'acquérir laissons-lui l'avantage,
Afin qu'il puisse avoir, de ce village,

Fait quelque chose utile aux habitants.
Mais c'était là prendre trop les devants,
Le chapelain était un vieil avare,
Riche, dit-on, de deux cent mille francs,
Qui craignait moins le séjour du Ténare
Que d'entamer d'un seul sou son magot.
A Lemagnen l'on adjuge ce lot,
Et par ce fait, la vente étant finie (1)
Dans le salon la table fut servie,
Il s'y trouva nombreuse compagnie.
Brigenêtière eut la place d'honneur,
Homme d'esprit, bientôt octogénaire,
De ce domaine, il était régisseur,
Et Tourlaville aussi l'avait pour maire,
Il savait tout et ne pouvait se taire.
Il engagea la conversation
Sur ce qu'était jadis la Glacerie
Aux jours heureux où fut cette industrie ;
Puis, remontant à la fondation,
« Sachez, dit-il dans sa narration,
Que deux enfants, accourus de Venise,
Ont tout l'honneur d'une telle entreprise.
C'est dans Paris qu'ils firent leurs essais ;
Le roi, charmé de leurs premiers succès,
D'un si bel art voulant doter la France,
Et lui donner une haute importance,
Associa, pour la direction,
Princes, seigneurs, d'une richesse immense,
Qui s'honoraient d'y prendre une action.
Ce fut ici, pour l'exploitation,
Qu'on se fixa. Ce vallon sans culture,
Etait alors dans l'état de nature :

(1) Cette vente a eu lieu en 1834.

Un sol désert, des rochers, des halliers,
Des bois épais, de dangereux sentiers.
Le voyageur y craignait pour sa bourse,
Le Trottebec, (1) s'y hâtant dans sa course,
Semblait s'enfuir d'un lieu rempli d'ennui ;
Mais tout bientôt prit une autre figure,
Ainsi qu'on peut s'en convaincre aujourd'hui ; (1)
Quand sur les plans d'une manufacture
On eut bâti ce grand mur de clôture,
Ces beaux hangars, ces vastes magasins,
Les fours, la halle et sa double toiture ;
Sur la rivière installé ces moulins,
Pour l'ouvrier ces maisons, ces jardins,
Et le chauffage à toute la famille,
Lorsqu'on était issu de Tourlaville.

Bientôt ce lieu fut rempli d'habitants,
Les ateliers formés en même temps,
Des régisseurs surpassèrent l'attente ;
Un feu d'enfer, attisé nuit et jour,
Changea le sable en glace transparente
Que l'ouvrier sut polir à son tour ;
Puis le douci la rendit plus luisante.
Ce travail fait par trois cents ouvriers
Entretenait toujours un nombre immense
De bûcherons, fagoteurs, charretiers,
Maçons, couvreurs, forgerons, charpentiers,
Qui tous vivaient au sein de l'abondance.
De plus en plus l'administration,
Aux habitants voulant être propice,

(1) Le Trottebec, rivière qui coule dans la vallée de la Glacerie et se jette dans la Divette, au Roule.
(1) L'établissement de la Glacerie de Tourlaville eut lieu en 1666.

D'une chapelle obtint l'érection,
Où le dimanche, on célébrait l'office.
Un tripot, là, vint bientôt s'installer,
Et les marchands y venaient étaler
Lard et mouton, veau, jambons et volaille ;
Partout l'argent roulait comme la paille ;
Les cabarets étaient pleins de verriers,
On les plaçait à table les premiers,
C'était à qui ferait leur connaissance,
On s'honorait, aux meilleures maisons,
De contracter avec eux alliance,
Ils épousaient, comme de concurrence,
Les plus beaux choix de tous les environs.

On ne parlait que des belles Verriennes,
Pour leur coiffure en rares valenciennes,
Leurs mantelets en fin drap de Louvier,
Leur beau droguet, leurs fichus, leurs quadrilles,
En mérinos, en coton des Antilles,
Et fil de lin, tissus par Olivier. (1)

Les plus fameux des verriers de mon âge,
Pour le talent, la force et le courage,
C'étaient Hazard, Michel Dupont, Buquet,
Bernard Goueslain, Lebarbenchon, Jennet,
Guillaume Eté, Richard Eté son frère,
Rouxel-Balsa, Cudeloup, Jean Guérét,
Richard Lebrun, Laforêt, Bimbin père,
Benoist, Bidou, Bourloure et Matignon,
Que l'on nommait les quatre fils Aymon.
Ils n'allaient point, en gobelets d'argile,
Fêter Saint-Jean, patron de Tourlaville,

(1) Olivier Truffer ; célèbre tisserand du village de la Venelle,
à Tourlaville.

Chacun avait son gobelet d'argent,
Et c'eût été manquer à l'étiquette,
Que d'un manœuvre accepter la trinquette,
D'un verrier même eût-il été parent,
Ce qui causait de terribles batailles,
Où l'on voyait Richard Eté, souvent
Rossé par ceux qu'il traitait de canailles,
Sur le terrain laisser plus d'une dent.

On se souvient de ces jours où la France,
Sur les débris de l'ancienne croyance,
Inaugura l'autel de la Raison ;
Ce fut ici comme une explosion.
Tous les verriers, enragés démocrates,
Juraient partout guerre aux aristocrates,
Et se moquant de ce qu'on en dira,
Ils les tondaient, au chant du Ça-ira.
Gare à celui qui marchait sans cocarde,
Quand il passait devant leur corps-de-garde ;
Il se voyait poursuivi, colleté,
Pris aux cheveux et tondu d'un côté,
Chiquenaudé, s'il faisait la grimace,
Ce qu'il souffrait d'assez mauvaise grâce.
Ils n'épargnaient ni voisin, ni parent,
Et l'on a vu Pierrine-Saint-Laurent
Sur sa maîtresse exercer ses cisailles.
Un an après, ils faisaient le serment
Devant l'autel de s'aimer tendrement,
Et le curé bénit leurs épousailles.
Ainsi l'Amour bannit, par ses douceurs,
Les dissidents qui séparaient deux cœurs.

La Glacerie offrait un sûr refuge
Au débiteur, au coupable transfuge ;

Jamais l'archer, l'huissier et ses recors
N'osaient y faire une prise de corps ;
Je me souviens encor qu'en mon enfance
Tous les verriers avaient la connaissance
Qu'un malheureux, son nom était Risbec,
S'étant enfui du bourg de Bricquebec,
Etait ici venu chercher asile.
Je puis encore vous faire le récit
De ses malheurs qu'il laissa par écrit.
Il était né d'assez bonne famille,
Sa femme était admirable en beauté,
Pure de mœurs, intègre en chasteté,
Assez d'esprit, mais de gaîté trop vive,
Sans défiance et même un peu naïve :
Ce caractère alarma son époux,
Qui par degrés devint sombre et jaloux.
Mille soupçons s'agitaient dans son âme,
Et chaque jour, il voyait compromis
Quelque voisin, quelqu'un de ses amis
Qu'il croyait être un suborneur infâme ;
Sa femme était en butte à ses rigueurs,
Souvent l'éclat succédait aux reproches
Dont s'attristaient ses amis et ses proches.
Il revenait parfois de ses erreurs,
Sa femme alors devenait son idole,
D'être plus juste, il lui donnait parole ;
Mais un seul mot, un regard innocent,
Le replongeaient dans son affreux tourment.
Il résolut, dans cette alternative,
De mettre fin à toute récidive ;
Il se servit d'un moyen usité
Par les maris, en telle circonstances,
Il prétexta qu'il devait à Coutances
Aller régler des droits de parenté ;

L'air dégagé de toute humeur jalouse ;
En l'embrassant il quitte son épouse ;
Furtivement, il revient à minuit,
En profitant d'une secrète issue,
Dans sa maison doucement s'introduit.
Oh ! pour le coup, peut-il faire bévue
Quand son flambeau lui présente a la vue
Un habit d'homme, un homme dans son lit ?
Il va laver dans le sang cet outrage.
De son poignard, il frappe dans sa rage
L'homme endormi qu'il prend pour son rival ;
Il cherche en vain son épouse adultère
Qui doit aussi subir l'arrêt fatal ;
Elle n'est point dans le lit conjugal,
Un autre lit tient la fille et la mère.
Un cri plaintif a rompu leur sommeil.
Pour une femme, oh ! quel affreux réveil !
C'est son époux assassinant son père !
« Risbec, Risbec, dit-elle, qu'as-tu fait ?
Quoi ! sous tes coups ton père ici succombe !
De nous revoir il s'était satisfait
Et c'est ta main qui lui creuse sa tombe !
Ah ! c'en est trop tu me feras mourir !!! »
Après ces mots elle tombe en arrière ;
Risbec accourt voulant la secourir,
De rappeler ses yeux à la lumière,
Quelques moments il conserve l'espoir,
Mais c'est en vain, elle a cessé de vivre.
Déjà Risbec, en proie au désespoir,
Le fer en main, s'apprêtait à la suivre.
Mais sa raison venant à son secours,
Non, non, dit-il, une mort aussi prompte
N'expierait point mon forfait et ma honte,
Je veux aller, le reste de mes jours,

Pleurer mon crime et vivre loin du monde.
Il dit, soudain dans sa douleur profonde,
Serrant sa fille et lui disant adieu,
En sanglottant, il partit de ce lieu.

   Le desservant qu'avait notre chapelle,
Vit un matin au confessional
Un étranger qui priait avec zèle.
Il en reçut un aveu général
Des noirs péchés qui causaient sa souffrance.
C'était Risbec, pour sa contrition,
Le chapelain prononça son pardon,
Lui, s'imposa dès-lors pour pénitence,
D'aller passer son reste d'existence
Dans les halliers qui bordent ces rochers.
Pendant le jour évitant les archers,
Il avait soin, dès l'aube matinale,
De se mêler aux verriers sous la halle,
Il y trouvait son pain de chaque jour ;
Dès que la nuit avait fait son retour,
Il s'en allait regagner sa cachette.
Il habita quatre ans cette retraite.
On l'y trouva, sur la mousse étendu,
Après qu'à Dieu son âme il eut rendu. (1)
Sa fille était rendue au monastère ;
Elle fonda, pour obit à son père,
A notre autel, une messe par mois,
Pendant longtemps on en fit l'observance,
Mais aussitôt que le peuple de France
Eut renversé le trône de ses rois,
Brisé l'autel, anéanti ses droits,

(1) Guilmot m'a fait voir cette cachette ; c'est une petite cavité dans le rocher dont un bloc cache l'entrée.; on n'y monte que difficilement.

Risbec n'eut plus ni messes ni prières !
De mois en mois, on le voyait depuis,
Dans son linceul, marcher durant les nuits
Parmi les bois, les rochers, les bruyères,
Remplissant l'air de lamentations.
Il n'a cessé ses apparitions
Qu'au temps meilleur, où la loi moins rebelle,
Nous a permis de rouvrir la chapelle ;
Rendant le culte au gré de nos souhaits,
De quoi Risbec partagea les bienfaits. »

Brigenêtière, ainsi de faits antiques,
Aux assistants racontait ses chroniques ;
Mais le soleil déjà sous l'horizon,
Abandonnant les honneurs du salon,
Avait cédé sa place à la chandelle ;
Chacun parlait de revoir sa maison,
Le chroniqueur finit sa kyrielle,
Et puis versa le vin à long bouchon.
Tous à l'envi vantèrent sa mémoire :
On disserta longtemps sur cette histoire,
Puis on trinqua le cœur rempli d'espoir,
Et l'en sortit s'entre-disant bonsoir.

FIN DU PREMIER CHANT.

DEUXIÈME CHANT.

L'homme qui dort durant les nuits entières
Est indolent, ou vit loin des affaires.
L'horloge à peine avait sonné minuit,
Que l'œil ouvert, nos adjudicataires,
Avec bonheur, roulaient, dans leur esprit,
De leurs acquêts quel serait le profit
De grand matin ils ont quitté leur gîte,
La Glacerie a bientôt leur visite ;
Chacun revoit, d'un extrême plaisir,
Tous les objets acquis par lui la veille,
Il y fera bientôt mont et merveille !
Le Trottebec soumis à Mondésir,
Fera tourner des moulins par douzaines ;
Par Dumoncel, le plus beau des domaines,
Va remplacer ces étiques taillis,
Ces rochers nuds, ces ajoncs rabougris ;
De vastes champs livrés à la charrue,
Vont se couvrir d'abondantes moissons,
Sur ces sommets où rampent des buissons,
De grands sapins iront percer la nue ;
Dans les vallons, des prés où les troupeaux,
Rencontreront le plus gras pâturage,

Et des vergers fleuris sur ces côteaux,
Où le pommier, dans son épais feuillage,
Se chargera de ce fruit tentateur,
L'écueil d'Adam et l'espoir du buveur.

    Le temps qu'ainsi Mondésir édifie,
Que Dumoncel défriche et bonifie,
Voilà qu'ici Lemagnen, Langouland,
Dans leurs projets l'un l'autre s'imitant,
Vont démolir, ainsi que deux vandales,
Tout bâtiment depuis le faîte aux dalles,
Puis à l'encan en vendront les débris.
Fameux verriers, ainsi qu'un héritage,
Vous qui léguiez vos talents à vos fils,
Et leur laissiez l'exclusif avantage
De diriger comme maîtres ouvriers,
Ou conducteurs, ces vastes ateliers ;
Si vous pouviez revenir à la vie,
Dans ce lieu même où fut la Glacerie,
Que diriez-vous dans votre étonnement ?
Voyant partout un monde en mouvement,
Brisant, sapant et renversant par terre,
Ces ateliers qui, dans un temps prospère,
Enrichissaient, illustraient le pays ;
En vain ici vous chercheriez vos fils,
Et vos amis, même leur géniture,
Le directeur de la société
Un jour les fit entasser en voiture,
Et Saint-Gobain, dans sa manufacture,
Les a reçus par droit d'hérédité. (1)

(1) En 1824, la Glacerie de Tourlaville étant abolie, les ouvriers eurent ordre de se rendre à la manufacture de **Saint-Gobain**.

Il semble ici qu'une armée étrangère,
Ou les efforts d'un tremblement de terre,
Ont désolé ce village et ses champs,
Et fait au loin s'enfuir ses habitants.
Chaque jour voit une ruine nouvelle,
Les villageois craignant pour leur chapelle,
Ont tous voté sa conservation
Par une messe à cette intention.

La cloche sonne et le monde entre en foule,
Sur appel fait aux choristes du Roule,
Les voilà tous avec leurs instruments,
Le chapelain donnant preuve de zèle,
D'un vif éclat fait briller la chapelle,
Par la splendeur de riches ornements,
Dignes du goût des plus nobles chapitres.
L'officiant, en élevant la voix,
Donne l'entrain par un signe de croix ;
Soudain, d'un ton qui fait trembler les vitres,
Sénéchal fils, Poutrel et Blanchemain,
Font le plein-chant en face du lutrin ;
Le grand Coupey les soutient et les guide,
Avec les tons de son ophycléide,
Qui modulant les si, sol, fa, mi, ré,
Font un accord hautement admiré.
Le chapelain, dans sa magnificence,
Déploie aux yeux toute sa dignité.
Il pontifie, on le sert, on l'encense,
Et d'un prélat il a la majesté.
Jamais encor messe aussi solennelle
N'avait, dit-on, illustré la chapelle,
Même à son jour d'inauguration ;
Enfin, voici la bénédiction,
Et puis la fin du dernier Évangile ;
Chacun se signe et sort persuadé

Que désormais il peut dormir tranquille,
Qu'il en sera tel qu'il l'a demandé,
D'après son vœu concernant la chapelle.
Mais que voit-on ? Deux hommes s'entre aidant,
Contre le toît, à dresser une échelle,
Et vers l'autel Lemagnen s'avançant,
Dire ces mots au digne desservant :
« Pardon, Monsieur, il faut que je vous dise,
Que c'est à moi qu'appartient cette église,
Et tout objet de son ameublement ;
S'il est ici pour vous quelque ornement,
Réclamez-le avant que l'on emballe,
Car dès demain il faut que tout détale. »
« Tout doucement, répond le chapelain,
Sur ces objets ne mettez point la main,
Craignez, Monsieur, de faire un sacrilége.
Si vous avez sur eux un privilège,
En temps et lieu vous le ferez valoir ;
En attendant, sachez que mon devoir
Est d'empêcher que ces choses sacrées,
Soient, par vos mains, aujourd'hui profanées. »
« Je veux encor, répartit Lemagnen,
Temporiser, mais c'est à ce moyen,
Que nous ferons ensemble un répertoire
Qui comprendra les effets mobiliers :
Pour commencer, voilà six chandeliers,
Un crucifix, un calice, un ciboire,
La grande croix pour les processions,
Un ostensoir avec tous ses rayons,
Deux encensoirs, idem deux girandoles ;
Ces objets là, sans doute, ont des contrôles ;
Voyons d'abord ceux qui sont en argent. »
Il est saisi par le bras rudement
Comme il mettait la main sur le calice.
Non, Abraham ne fut pas plus surpris,

Lorsque le bras levé contre son fils,
L'ange lui fit manquer son sacrifice.

    Les villageois, là, toujours demeurés,
Par ces débats sont tous exaspérés.
Ne pouvant plus contenir sa colère,
L'un d'eux s'avance et dit au chapelain :
« Permettez-moi, monsieur, que ce vilain
« Qui vient troubler votre saint ministère,
Soit par mon bras, corrigé de ses torts ;
Vous allez voir que, sans qu'il touche à terre,
Il va bientôt être lancé dehors. »

    « Non, non, Bressin, calmez-vous, je vous prie,
Ce zèle ardent, dont je vous remercie,
Ferait ici le plus mauvais effet,
Laissez-nous seuls, nous traiterons ensemble. »
« Monsieur, dit-il, à Lemagnen qui tremble,
A des excès ne donnez pas sujet,
Je puis encor vous sauver d'avanie,
Rassurez-vous, je vous offre un projet :
Il est pour vous d'un très grand intérêt ;
Il satisfait aussi la Glacerie :
C'est de laisser, pour un temps seulement
Votre chapelle et son ameublement
Ouverts au culte, et j'y ferai l'office ;
Vous quêterez pour votre bénéfice,
Sauf à payer la consommation ;
Il s'en fait peu, d'objets à notre usage,
Vous fournirez le linge et blanchissage
En aucun sens, votre acquisition
Ne vous vaudrait un si grand avantage
Et vous serez aimé des habitants.
Les voyez-vous rassemblés en cohorte ?

Les poingts fermés, les yeux étincelants,
Vous attendant en dehors de la porte ;
Il est grand temps pour vous de transiger,
Si vous voulez sortir d'un grand danger. »
« J'accède à tout, de plus je vous supplie,
Dit Lemagnen, de me sauver la vie. »
Le chapelain fait appeler Guilmot,
C'est le tambour et crieur du village,
A son de caisse il annonce aussitôt,
Que le Pasteur lui donne pour message,
De publier que monsieur Lemagnen
Est un digne homme, un cœur de bon chrétien.
Qu'au bien public, voulant prouver son zèle,
Aux habitants, il ouvre sa chapelle,
Pour être utile à leurs devoirs pieux.
Un changement soudain se manifeste,
Dans les esprits, les propos et le geste ;
Et Lemagnen n'est plus, à tous les yeux,
Qu'un homme saint qui mérite les Cieux.
On l'applaudit dès qu'il vient à paraître ;
Sur son passage on court pour le connaître ;
Guilmot l'engage à descendre chez lui,
On l'y reçoit en homme respectable,
Pour le bienfait qu'il accorde aujourd'hui.
De villageois une élite notable,
Le fait asseoir au haut bout de la table ;
La nappe est mise et le dîner servi,
On mange, on boit et l'on jase à l'envi.

Or, Lemagnen, que l'intérêt domine,
Tout en faisant honneur à la cuisine,
Sait amener la conversation
Sur sa chapelle, et de quelle importance

Sera pour lui son exploitation ;
On lui promet un bénéfice immense,
Mais il lui faut un homme intelligent,
Qui le dimanche et tous les jours de fêtes,
Prenne le soin de recevoir l'argent,
Et sache encore enregistrer les quêtes.
« Où pourriez-vous trouver meilleur que moi,
Pour exercer, dit Guilmot, cet emploi ?
J'ai ma maison tout près de la chapelle,
J'ai de l'usage et de l'activité,
Chacun ici connaît ma probité,
Je vous promets d'y mettre tout mon zèle ;
Vous recevrez un état très-fidèle,
Tous les trois mois; sans jamais de retard,
De la recette et dépense en regard ;
J'aurai par franc deux sous pour mon salaire ;
Ce n'est pas trop pour une telle affaire. »
« Vous les aurez, lui répond Lemagnen,
Faites si bien surtout que mon argent,
Sur le boni, dix pour cent me rapporte ;
Cinquante écus n'est pas somme si forte,
Qu'on ne l'obtienne en un an, frais payés. »
« Oh ! dit Guilmot, vous aurez davantage ;
Si du surplus nous faisions le partage,
Je me croirais dans dix ans riche assez.
D'un grand profit conservez l'espérance,
Comptez sur moi ; dimanche je commence.
Buvons, Messieurs, notre échanson versez. »

Chacun bientôt débite sa chronique,
Plus ou moins vraie et plus ou moins comique.
Guilmot, qui veut passer pour érudit,
Lit de son fait un roman inédit,

Intitulé : Les mœurs et la famille
De Ravalet, seigneur de Tourlaville.
« Un jour, dit-il, cet orgueilleux tyran
Entre à l'église avec son chien courant,
Digne instrument du plus méchant des maîtres ;
Vient le moment de la procession,
Il ricochait dans les jambes des prêtres,
Tous en étaient dans l'indignation,
Ce qui beaucoup amusait le baron.
Il continue, il court, il batifole
Jusqu'au curé, qui d'un jarret tendu,
Lui porte un coup ; il fait la cabriole
Et sur la dalle il demeure étendu ;
On le croit mort ; le baron s'exaspère,
Voyant partout un rire approbateur
Qui met encor le comble à sa colère,
L'épée au poing, il court sur le pasteur,
D'un coup mortel il l'étend sur la place,
Puis en sortant il fait cette menace :
« Rappelez-vous, misérables manants
Qui me riiez tout à l'heure à la face,
Que c'est ainsi que je punis l'audace
Des insoumis, des esprits arrogants. »
Sur son passage, une femme, en silence,
Très humblement lui fait la révérence,
En frissonnant de son air effaré,
Il reconnaît la mère du curé :
« Chez vous, dit-il, allez vous-en, Madame,
Car votre fils en ce moment rend l'âme,
Je l'ai puni pour m'avoir insulté. »
Un noir courroux saisit ce cœur de mère,
Sans sentiment, elle tombe en arrière.
Lui, d'un œil sec pour cette extrémité,

Suit son chemin et rentre à sa demeure.
Le lendemain, on vit à la même heure,
Six des rieurs pendus au maronnier ;
Deux jours après c'était un braconnier ;
Une autrefois deux manants, dont les ânes
Laissés souvent, par eux, à l'abandon,
Furent trouvés dans leurs désirs profanes,
Cabriolant les juments du baron.

Ce vrai tyran de la mésalliance,
Usait pour lui du droit de tolérance,
En poursuivant les filles des vilains,
Qui, tôt ou tard, devenaient ses victimes.
Si leurs parents entravaient ses desseins,
Pour s'en venger, ce vieux couvert de crimes,
Les enchaînait au fond d'un noir caveau,
Qu'il avait fait voûter sous son château ;
De leurs carcans on voit encor les mailles,
A des crampons soudés dans les murailles ;
Dans ce caveau, Guilmot a pénétré,
Il les a vus, c'est un fait avéré.

Dieu, qui punit tôt ou tard, les coupables
Sinon dans eux c'est dans leurs descendants,
Du vieux baron choisit les deux enfants,
Pour les frapper de ses coups redoutables,
L'un c'est Julien, Marguerite est sa sœur,
Anges d'espoir, de beauté, de douceur ;
Leur triste fin, dont a parlé l'histoire,
Dans Tourlaville est encore en mémoire,

Se complaisant par leurs communs instincts,
Ils s'isolaient dans leurs jeux enfantins ;
Devenus grands, leurs douces rêveries
Les conduisaient sur les vertes prairies,

Dans les vallons, sur le bord des ruisseaux,
Dans les bosquets au plus épais ombrage ;
Leurs cœurs battaient aux concerts des oiseaux,
A leurs amours agitant le feuillage.
Bientôt épris des plus coupables feux,
On voit partout leurs chiffres amoureux,
Et Cupidon les reçoit dans son temple,
Prenant d'Adam les enfants pour exemple,
Ils satisfont leurs goûts incestueux,
Sans nul remords de ce crime odieux.
Leur passion devient bientôt extrême ;
Quand du Baron, la volonté suprême,
Sans le savoir, entrave leurs penchants.
Il a promis la main de Marguerite.
Le prétendant vient faire sa visite,
C'est un grand noir, aux cheveux grisonnants,
Ni beau, ni laid, d'assez haute stature,
Qui siège à Caen dans la magistrature ;
Riche en écus et puissant en faveurs.
De Marguerite, en vain, la résistance,
Au vieux Baron veut opposer des pleurs,
Il lui fallut obéir en silence.
Un incident flatte son espérance :
Le prétendant demande que Julien
Passe chez eux le temps de la vacance,
Croyant par là serrer mieux le lien.
Six mois après, par une chambrière,
Les deux amants sont pris en adultère.
La dame veut la chasser du logis,
Le maître veut en connaître la cause ;
Dans le débat on divulgue la chose.
Sur cet affront fait à ses cheveux gris,
Le mari prend un air sombre et sévère ;
De sa maison il chasse son beau-frère,

Et sur sa femme il a les yeux ouverts.
Mais à l'Amour vouloir donner des fers,
C'est animer ses feux et son audace.
Huit jours après, notre nouvel argus
Cherchait en vain sa femme et ses écus,
Il a juré d'en retrouver la trace ;
Nos fugitifs sont partout signalés.
Longtemps on crut qu'ils s'étaient exilés,
Mais des agents l'active surveillance,
A, dans Paris, découvert leur présence ;
Ils sont trouvés n'occupant qu'un seul lit,
D'eux la justice à l'instant se saisit.
Le vieux baron en apprend la nouvelle,
Sur son cheval bien vite on met la selle ;
Il part suivi d'un mulet chargé d'or,
Dans tout Paris on le voit se débattre,
Sollicitant, épuisant son trésor.
Il pleure en vain aux pieds de Henri quatre ;
Le tribunal prononce sur leur sort,
Pour le pardon le crime est trop infâme,
Et la sentence est un arrêt de mort.
Le cœur navré, le désespoir dans l'âme,
Le vieux baron, maudissant son destin,
De Tourlaville a repris le chemin.

Au châtiment il ne faut plus de trêve,
On voit courir sur la place de Grève,
Un monde entier de badauds curieux ;
Chacun veut voir ces coupables fameux
Qui vont subir la peine capitale,
Ils sont déjà sur l'estrade fatale,
Leur beauté rare éblouit tous les yeux.
Soudain la mort se dresse devant eux :
La sœur, voulant en préserver son frère,
Dit que du crime étant cause première,

Seule, elle doit en subir la rigueur ;
Le frère aussi, voulant sauver sa sœur,
Prétend qu'ayant séduit son innocence,
C'est à lui seul de subir la sentence.
Sans écouter leur noble dévouement,
L'exécuteur saisit son fer tranchant,
Et par deux coups appliqués d'un bras ferme,
De leurs tourments il marque enfin le terme (1).

Ainsi l'orgueil des fameux Ravalets,
Dans ces enfants finit par un supplice,
Et le Baron, pour prix de sa malice,
Fut poignardé par l'un de ses valets,
Dont il avait ravi la fiancée
Et qu'un matin l'on trouva dépécée.

Dans Tourlaville encor, le voyageur
Ressent toujours un sentiment d'horreur,
Et la pitié soulève ses entrailles
Quand il revoit ces gros pans de murailles,
Cette chapelle et ces donjons déserts,
Et ces créneaux de lierre recouverts ;
Témoins muets des affreuses tortures,
Où succombaient d'humaines créatures,
Après avoir subi l'amour brutal,
De ces suppôts du règne féodal. »

Guilmot se tait, là finit son histoire,
Tous à l'envi de vanter sa mémoire,

(1) Julien Ravalet de Tourlaville et demoiselle Marguerite de Tourlaville, sa sœur, décapités pour inceste, par arrêt du 2 décembre 1603 ; voyez à la bibliothèque de Cherbourg, un ouvrage intitulé : *Histoires tragiques de notre temps*, composées par François de Rosset (Lyon 1742).

Son bel esprit, son érudition ;
Puis, l'on en vient à parler politique,
On se demande à quand l'élection
Que l'on fera dans la garde civique ?
« C'est dans trois mois », répond François Bimbin.
« Oh ! si je suis réélu capitaine,
Répond Guilmot, amis, pour votre peine,
Je vous promets un copieux festin,
Où couleront la joie et le bon vin ;
D'un bal champêtre on goûtera les charmes,
Je veux aussi donner un assaut d'armes,
Où l'on verra s'exercer, au fleuret,
Les écoliers de Baptiste Guéret ;
J'en dresserai dès demain le programme. »
« Pauvre Guilmot, tais-toi, lui dit sa femme,
Je crois, ma foi, que tu perds la raison,
As-tu juré de ruiner ta maison ?
A Tourlaville, on ne tient plus de fêtes,
Qu'on ne t'y voie avec tes épaulettes,
Ton uniforme et le sabre au côté !
Oh ! quand je sais ce que nous ont coûté
Ces oripeaux, oui, j'en ai la migraine !
J'ai vu compter douze cents de trémaine,
Biffer trois mois d'un mémoire assez rond
De pension, envers Noël Eugène,
Pour acquérir et son grade et son fond ;
Faut-il nous être ainsi mis à la gêne,
Pour satisfaire un peu d'ambition ?
Puis n'est-ce point mystification,
Quand le Dimanche, en passant la revue,
Chacun t'a vu te poser en héros,
Et qu'on te voit, la hotte sur le dos,
Le lendemain, aller de rue en rue,
Mettre une vitre ou peindre un contrevent ?

Le malheur est qu'on t'y voit peu souvent,
Car le travail te donne la berlue. »

« Vas-tu bientôt, femme de Belphégor,
Répond Guilmot, d'une voix de Stantor,
De ton sermon nous épargner le reste ?
Qu'ai-je besoin de ces affronts ? malpeste !
Assurément là-haut, il est écrit :
Que dans l'hymen, jamais homme d'esprit,
N'aura pour lot qu'une femme hautaine,
Témoins Xantus, Socrate et la Fontaine,
Pour qui la vie était un long tourment.
Moi je veux vivre ici différemment,
Je suis né libre et je hais l'esclavage ;
Un vitrier peut être homme d'honneur ;
Cincinnatus était un laboureur,
Qui sut sauver Rome par son courage.
Autant que lui je puis montrer du cœur :
Qu'un ennemi vienne attaquer la France,
Et l'on verra ce que peut ma vaillance.
Je n'ai jamais redouté le trépas ;
Quand tout l'enfer s'ouvrirait sous mes pas,
Qu'en même temps la foudre et la tempête,
Feraient crouler tout le ciel sur ma tête,
Le fer en main je ne tremblerais pas ! »

« C'est vrai, Guilmot, tu vivras dans l'histoire,
Dirent-ils tous, tu naquis pour la gloire,
Quand Charles dix partait pour l'étranger,
Après avoir mis la Charte en danger.
A son approche on était en alarmes,
On le croyait suivi des Vendéens ;
Cherbourg en hâte arma ses citoyens ;
Nous t'avons vu des premiers sous les armes,

A travers champs, aux accents du clairon,
Des Cherbourgeois joindre le bataillon.
Nous te faisons la promesse certaine
Que tu seras réélu Capitaine ;
Nous voulons tous éterniser ton nom. »

Après ces mots, l'échanson verse à boire,
On trinque, on boit, la gaîté va son train,
Et puis, voyant que la nuit devient noire,
On se sépare en se serrant la main,
Et du logis chacun prend le chemin.

FIN DU DEUXIÈME CHANT.

TROISIÈME CHANT.

Durant trois mois, Lemagnen fut fidèle,
Chaque dimanche, à revoir sa chapelle,
Après l'office il allait chez Guilmot,
Voir si la quête avait de l'importance,
Et celui-ci flattait son espérance,
En lui montrant la rondeur du magot;
Puis on buvait, on faisait tabagie;
Là, de flâneurs s'assemblait un écot,
C'étaient Édouard de la Huberderie,
Parleur sans fin, avocat d'échalier,
Bon gastronome et héros de cellier;
Lamarre, ancien chef de cavalerie,
Il latinise, il sait scander les vers,
Parle de tout, juge à tort, à travers,
Et le malheur est, qu'il faut qu'on l'écoute;
Le plus joyeux c'est Bertrand (dit Saccoute),
Il rit, approuve, et son plus grand plaisir,
Est de verser, trinquer, boire et remplir;
François Bimbin, lui, ne sait que l'histoire
De l'Empereur, ses combats et sa gloire,
Il n'admet point d'autre raisonnement :
Quant à Guilmot, son esprit, son talent,

Son grand savoir, son éloquent langage,
En font le chef de cet aréopage ;
Il sait par cœur Voltaire, Montesquieu,
Dupuis, Volnay, le Compère Mathieu,
Les attributs de la Mythologie,
Et le mot fin de la Théologie :
Dans le village on le donne au démon,
Car il n'entend ni messe ni sermon,
Même on lui croit un esprit diabolique,
Pour avoir fait quelques tours de physique ;
On lui connaît un gros livre italien,
Avec lequel il évoque le diable,
Et se transforme en bouc, en âne, en chien,
Sans pour cela qu'il soit méconnaissable ;
Assurément pourtant il n'en est rien,
Mais au village on a cette apostrophe,
Honnête ou non, dès qu'on est philosophe,
Et que l'on veut se faire un culte à part.
A mon sujet rentrons sans plus d'écart.
Voici le jour où Tourlaville en masse,
Court au scrutin nommer ses officiers,
Devant Guilmot tout candidat s'efface,
Son nom de l'urne est sorti par milliers ;
Il est élu, proclamé capitaine,
De ses amis au moins une trentaine,
Lui font escorte, et jusqu'à sa maison,
A plein gosier chantant à l'unisson,
Font retentir dans l'air la Parisienne,
La Marseillaise et le Chant du départ.
Des trois couleurs l'un porte l'étendard.
Ainsi que Rome, après une victoire,
Voyait rentrer ses généraux vainqueurs,
Environnés de mille adulateurs ;
Tel est Guilmot, tout rayonnant de gloire,

Rentrant chez lui, parmi ses électeurs ;
Il fait planter l'étendard sur sa porte,
Et fait asseoir à table son escorte ;
On verse, on trinque, on boit à la santé,
Du capitaine et de sa dignité.

De tous côtés les garçons et les filles ;
Sont accourus et forment des quadrilles,
Et sur le pré de la Direction,
Groult, farinier, l'un des bons virtuoses,
Les fait danser au son du violon ;
D'autres, rondant sous l'épine aux fleurs roses, (1)
Font aux échos répéter leur chanson.

C'est là, qu'aussi l'on a marqué l'arène,
Par un grand cirque, à l'ombre d'un vieux chêne,
Cuilmot s'y rend avec ses électeurs,
Tout en fendant des flots de spectateurs.

L'expert, qui va juger dans la partie
Les meilleurs coups, c'est Baptiste Guéret,
Maître escrimeur, qui dans la Glacerie,
Depuis longtemps, tient une académie,
Sur le bâton, la boxe et le fleuret ;
Pour ses talents, on l'aime, on le courtise,
Et cet assaut c'est lui qui l'organise.
Il fait au cirque entrer ses écoliers :
Ceux désignés pour bretter les premiers,

(1) Cette épine, peut-être la plus belle de la Normandie, était dans la cour de la Direction, elle avait la forme d'un pommier d'une tige peu élevée, sa tête d'une grosseur et d'une étendue considérable, produisait le plus bel effet quand, au printemps, elle était ornée de ses fleurs couleur de rose. On a trouvé qu'elle cachait la vue de la maison et pour cela on l'a détruite.

Sont Jean Picot, ex-sergent de l'Empire,
Qui, quoique vieux, cherche encore à s'instruire,
Et Jean Lazard, fier comme un Matador,
Qu'on l'ait tantôt élu sergent-major :
Il a pour lui la force et la jeunesse,
Mais Jean Picot, avec ses cinquante ans,
Quoiqu'il ait vu neiger par mauvais temps,
A plus que lui de savoir et d'adresse,
Au premier coup, cependant, Jean Lazard,
L'a boutonné par l'effet du hazard,
Mais le sergent, qui se remet en garde,
Voulant punir Lazard qui goguenarde,
Pousse une botte et l'atteint au menton ;
Un autre coup lui touche le téton.
Lazard piqué veut avoir sa revanche,
Quand du sergent, le rapide bouton,
Vient le pointer rudement sur la hanche,
Et lui faisant tressaillir le poignet,
Lui fait sauter à dix pas son fleuret,
Lazard vaincu, tout honteux se retire.
Louis Ingouf, Jean Rouxel et Bimbin',
S'étant frottés au sergent de l'Empire,
Ont de Lazard partagé le destin.
Sur le terrain le grognard se rengorge,
Mais contre lui s'avance Sénéchal,
Ex-artilleur, tant vanté pour la forge
Et pour l'escrime ; il n'a point son égal,
Ni dans Cherbourg, ni dans son arsenal.

Les deux champions se toisent des prunelles,
De leurs regards partent des étincelles,
Ils sont en garde et des mieux effacés,
Ils sont soudain l'un vers l'autre élancés ;
Le vieux sergent, encor fier de sa chance,
Fait un moment des preuves de vaillance ;

Mais par malheur tous ses coups sont parés,
Et Sénéchal le serre de si près,
Qu'il n'a le temps que d'être à la parade.
A reculons il parcourt l'esplanade,
Rompant toujours et toujours boutonné ;
Il voit bientôt que sur le camarade,
Dont tout-à-l'heure il est si mal mené,
Il n'a l'espoir d'avoir nul avantage,
A résister, perdant alors courage,
Il fait retraite et laisse à son vainqueur
Tous les lauriers cueillis par sa valeur.

C'est le gros Juez qui va prendre sa place.
Ancien sapeur, surnommé Bras-de-Fer,
Au régiment craint comme un Jupiter,
Dès que quelqu'un lui résistait en face,
Il l'envoyait loger chez Lucifer ;
Large estomac, pieds d'airain, bras d'Hercule,
Dans un danger jamais il ne recule ;
Mais Sénéchal, aussi vaillant que lui,
Se met en garde et l'attend de pied ferme,
Inébranlable à ses coups comme un terme.
L'un des champions va connaître aujourd'hui
Que cette fois il a trouvé son maître.
Il faut les voir combattre à qui va l'être :
Les deux fleurets, par l'animosité,
Font siffler l'air dans leur rapidité ;
Cent coups portés sont parés aussi vite,
Et ripostés sans plus de réussite.
Le vieux sapeur veut entrer plus avant ;
Depuis longtemps, Sénéchal l'observant,
Saisit son coup et par une seconde,
Pointe le flanc du sapeur étonné,
Qui, furieux de se voir boutonné,
L'œil tout en feu, dans sa rage profonde,

Sur le pointeur s'avance en forcené,
Impétueux comme un torrent qui gronde,
Promettant bien de venger cet affront
Par un grand coup qu'il va porter à fond.
Assurément il compte sans son hôte,
Car Sénéchal, aussi prompt que l'éclair,
Se dégageant et relevant son fer,
D'un filet droit lui caresse une côte,
Et sans laisser reposer son fleuret,
D'un autre coup il l'atteint au poignet.

Trois fois touché, sans une représaille,
Font au sapeur voir qu'il n'est plus de taille
A soutenir l'éclat de son renom,
Et qu'il est temps de baisser pavillon.
Cette pensée indigne son courage ;
D'un mouvement de colère et de rage,
Sur son fleuret déchargeant son courroux,
Il l'a brisé sur l'un de ses genoux !
Puis à Guilmot il lègue sa vengeance !
Guilmot l'accepte avec l'air d'assurance.
« Quoi, c'est Guilmot ! disent les spectateurs,
Qui veut tenter une pareille chance ?
Il va bientôt sentir son impuissance ;
Nous savons bien qu'entre tous les chasseurs,
A la perdrix, au lièvre, à la bécasse,
Il n'en est pas un seul qui le surpasse,
Qu'il est la fleur des peintres-vitriers,
Le guide sûr des bons cabaretiers,
Pour déguster le cidre, l'eau-de-vie,
Et bien choisir le vin et le cognac ;
On sait aussi qu'il connaît la partie,
De bien tenir son débit de tabac ;

Que nul n'aurait autant que lui de zèle,
Pour battre un ban, quêter dans la chapelle,
Expédier les meilleurs passavants,
Pour les tonneaux de cidre, aux paysans ;
Mais de vouloir remporter la victoire
Sur Sénéchal, c'est bien une autre histoire ! »

Taisez-vous donc, gens trop peu confiants,
Vous faites tort à Guilmot dans sa gloire,
Ne lui croyant que cela de talents.
Quoi ! vous auriez donc perdu de mémoire
Sa force immense et sa dextérité ?
S'il a le nom de l'hercule des Gaules,
Assurément il l'a bien mérité,
Car vous savez qu'il a, sur ses épaules,
En capitaine et le sabre au côté,
Porté souvent douze cents de trémaine (1).
Ignorez-vous un autre échantillon
De sa valeur, au hameau Quevillon,
Quand de buveurs, une demi-douzaine,
Chez Leballu, qui faisaient branlebas,
Guilmot n'ayant d'autre aide que ses bras,
Les rossa tant, qu'il les mit tous en fuite,
Et chacun d'eux s'esquivant au plus vite,
Fut se blottir et se mettre à couvert,
Dans le buisson où niche Saint-Hubert ?
Guéret, témoin de ce trait d'énergie,
Reçut Guilmot dans son académie,
Voulant, par lui, laisser dans le canton,
Ses hauts talents à l'épée, au bâton,

---

(1) Allusion aux 1200 bottes de trémaine ou trèfle qui étaient entrées dans le prix de ses épaulettes et autres objets d'armement et équipement.

Qu'il enseigna, dix ans, en Angleterre,
Sur les pontons, dans la dernière guerre ;
Guilmot peut donc fort bien être vaillant,
Sous les leçons d'un maître aussi savant.
Le voyez-vous effacé sous les armes ?
Qu'il a d'aplomb ! que sa pose a de charmes !
L'assaut s'anime, eh bien ! le voyez-vous,
Comment encore avec art et souplesse,
Il sait parer et riposter les coups ?
Tout le talent, le courage et l'adresse
De Sénéchal, sont pourtant mis en jeu.
De part et d'autre, on combat avec feu ;
Le sol frémit sous les coups de semelle,
Guilmot se couvre, aux yeux des spectateurs,
Le fer en main, d'une gloire immortelle.
L'acharnement de nos fameux bretteurs,
Est arrivé jusqu'à l'effervescence ;
Chacun piqué de tant de résistance,
Veut en finir, et par un coup brutal,
Au même endroit boutonne son rival,
Et ce coup double achève la partie ;
Tous, pour Guilmot, marquant leur sympathie,
Battent des mains ; à l'instant Sénéchal
Marche vers lui, le nommant son égal,
Et le serrant, en brave camarade,
D'un cœur content, lui donne l'accolade,
En requerrant, de Guéret, qu'aussitôt
On lui délivre un brevet de prévôt ;
Puis il le veut pour son compagnon d'armes.
Guilmot, de joie, est ému jusqu'aux larmes,
Il court chez lui préparer le banquet.
Maîtres, prévôts, d'une voix unanime,
Ont proclamé Guilmot prévôt d'escrime,
Et c'est à qui signera son brevet.

La grande salle, où la table est dressée
Pour le banquet, est toute tapissée
De rameaux verts, d'emblêmes, de drapeaux,
De noms choisis des plus grands libéraux.
Parmi ces noms on lit Guilmot en tête,
Pour digne hommage au héros de la fête,
Et son brevet, de laurier encadré,
Fait le pendant de ce nom illustré.

Tous les amis ont pris place à la table,
Le goût des mets, le Pommard délectable,
Font circuler la joie et les bons mots ;
Guilmot, surtout, brille par l'à-propos.
Tout en versant à boire à ses convives,
Il leur raconte, avec son ton joyeux,
Des vieux verriers les histoires naïves
Et les exploits des plus vaillants d'entr'eux.
Ce qui le plus fait rire l'auditoire,
C'est quand il vient à raconter l'histoire
Du loup fameux, à l'aspect effrayant,
Qui répandait l'horreur dans la contrée,
Et que son père abattit dans Cloquant.
On l'exposa comme un brillant trophée ;
Il attirait des flots de curieux,
Et les verriers s'en montraient glorieux ;
Mais leur orgueil fut de courte durée.
Un beau matin le loup était volé.
Voilà bientôt un conseil assemblé,
Ce vol jugé, sur le fond et la forme,
Est un affront aux verriers adressé.
Il faut savoir où le loup est passé.
De tous côtés on voyage, on s'informe.
Enfin l'on sait que c'est un rufosain,
Qui dans la nuit a fait ce coup de main.

Vite à Rufosse on envoie, en message,
Balsa-Rouxel avec Richard Été,
Pour que le loup soit soudain rapporté
En moins de rien, ils sont dans le village,
Et font savoir le but de leur voyage.
On les reçoit avec beaucoup d'égards,
On verse à boire, on les met en goguette,
Puis on leur tient des propos goguenards,
Puis on saisit le pied de la sellette
Où l'on a fait asseoir Richard Été.
Il est bientôt sur le dos culbuté,
Et mille coups lui meurtrissent la face,
Tant qu'à la fin on le laisse pour mort.
Balsa, craignant d'avoir un pareil sort,
Gagnait la porte en faisant volte-face ;
Mais par malheur les lâches Rufosains,
Tous à la fois lui tombent sur les reins,
Et c'est à qui lui brisera l'échine.
Par tant de coups le temps qu'on l'extermine,
Richard Été, qui recouvre ses sens,
Voit dans un *têt* le reste de ses dents
Et de son sang peut-être une chopine
Il a, de rage, avalé tout d'un trait ;
Puis arrachant un des pieds de la table,
Il court sauver Balsa qu'on assommait ;
Rien ne résiste à son bras redoutable,
Il frappe à mort ses traîtres ennemis ;
Tous, en poussant de lamentables cris,
Prennent la fuite à travers le village,
Les bras cassés, la balafre au visage,
Jetant partout l'épouvante et l'effroi.
Chaque habitant se renferme chez soi ;
Richard, à lui, tient le champ de bataille :
Vite son loup, sinon les toîts de paille,

Vont n'être plus que cendre et que charbon ;
Déjà son bras agite le brandon.
Les Rufosains, appréhendant les flammes,
Ont envoyé leurs enfants et leurs femmes,
Rendre le loup et demander pardon.

 A cet appel, fait à leur indulgence,
Par l'humble voix, les pleurs de l'innocence,
Et le trophée entre leurs mains remis,
Nos deux vainqueurs, contre leurs ennemis,
Ont oublié leurs projets de vengeance ;
Chantant victoire et le loup sur le dos,
Ils sont rentrés chez eux en vrais héros.
Et pour qu'aucun ne se refuse à croire,
Poursuit Guilmot, cette authentique histoire,
Je vais chercher la peau du même loup,
Qui, dans le temps, a joué ce grand rôle. »
Il se levait pour leur tenir parole,
Quand Lemagnen, qui paraît tout à coup,
Change bientôt sa joie en avanie,
En lui disant ces mots pleins d'ironie :
« C'est bien, Guilmot ! vous traitez vos amis,
Il est très beau de se voir réunis,
Dans un salon décoré de verdure ;
Voir devant soi des mets et des flacons,
Suivre gaîment les leçons d'Epicure,
Tout en traitant par de bonnes raisons,
La politique et la littérature ;
Et pourquoi pas faire l'Epicurien
Quand on en a comme vous le moyen ?
Mais, dites-moi, car ceci m'inquiète,
Pourquoi la messe a-t-elle été sans quête ?
Et de quel droit, pour tenir vos banquets,
Négligez-vous ainsi mes intérêts ?

« Soyez prévôt, officier, peu m'importe,
Si vous voulez en agir de la sorte,
Moi, je saurai m'arranger autrement :
Réglons toujours vos trois mois de gérance,
Et du boni, donnez-moi connaissance,
En me faisant le compte exactement. »
« Vous me traitez, dit Guilmot, comme un cuistre,
Dans ma maison et devant mes amis ;
Pour une quête à quoi bon ces hauts cris ?
Je l'ai portée en recette au registre,
Au plus haut taux, ainsi qu'y perdrez-vous ;
A vos dépens je ne traite personne ;
De vos propos, ici chacun s'étonne,
Je vais régler mes comptes devant tous.
J'ai, dans trois mois, cent vingt francs de recettes ;
J'ai dépensé, dans diverses emplettes,
Comme charbon, pain d'autel, cire, encens,
Vin pour la messe, entretien d'ornements,
Huile à quinquet, mémoire de vitrage,
Bancs réparés, le coût du blanchissage,
Linge acheté, solde du sacristain,
Mon traitement, total du tout enfin
Cent dix-huit francs, reste deux francs en caisse. »

« C'est vous moquer de moi tout à votre aise,
Dit Lemagnen, et vous me croiriez fou,
De vos deux francs si j'acceptais un sou.
Eh quoi, deux francs pour trois mois d'exercice !
Huit francs par an ! Quel fameux bénéfice
Sur un objet qui vaut quinze cents francs !
C'est pour le coup qu'on rit à mes dépens ;
Mais, attendez, j'y vais porter remède. »
Il dit, soudain de colère emporté,
Dans sa chapelle entrant en révolté,
Il fait un tas de tout ce qu'il possède,

Et ne veut pas que rien reste après lui,
Tout pour Cherbourg va partir aujourd'hui.

 A peine a-t-il commencé l'emballage,
Que les clameurs des dévots du village
Ont répandu l'alarme aux environs ;
Adieu le bal, les rondes, les chansons.
Le peuple en foule entre dans la chapelle ;
Vingt à la fois empoignent Lemagnen ;
Il est traîné dehors comme un païen ;
On lui promet la mort la plus cruelle.
Déjà sur lui tous les bras sont levés,
Mais par hasard ses jours sont conservés.
Du chapelain tout à coup la présence,
Des furieux calme l'effervescence.
« Quoi ! leur dit-il, est-ce ainsi qu'on sert Dieu ?
Quand par un meurtre on souille le saint lieu !
Croyez-vous donc qu'il veut que la colère
Venge sa cause ou prouve sa grandeur ?
Il peut, sans vous, corriger un pécheur :
Pour le chrétien, tout prochain est un frère,
Celui qu'ici vous menacez de coups,
En l'assommant, le convertirez-vous ?
S'il a des torts envers la Providence,
Laissez à Dieu le soin de la vengeance ;
Et vous, dit-il, en fixant Lemagnen,
L'Enfer, par vous, a trouvé le moyen
D'outrager Dieu, de profaner son temple,
Que dès ce jour l'anathème interdit ;
Ici, l'erreur en suivant votre exemple,
Va d'un lieu saint faire un séjour maudit.
Ah ! je prévois un avenir funeste,
Pire cent fois que la guerre et la peste !
Que je vous plains, ô mes chères brebis !
De mes leçons qui faisiez vos délices,

Et dont le Ciel devait être le prix ;
Bientôt l'Enfer, par ses noirs artifices (1),
Vous détournant de mes enseignements,
Vous portera vers d'affreux changements,
Dont le nom seul me fait frémir d'avance !
Heureux celui dont la persévérance
A résister à la tentation,
Le sauvera de la damnation. »

Le chapelain, après cette sentence,
A fait savoir à toute l'assistance
Que dans l'état de profanation,
Où maintenant se trouve la chapelle,
A son devoir voulant être fidèle,
D'y célébrer il fait abstention,
Jusqu'à sa réhabilitation.
Après ces mots, saluant l'auditoire,
Il se retire : alors les assistants,
Tous stupéfaits, ainsi qu'on peut le croire,
S'en sont allés chez eux fort mécontents.

FIN DU TROISIÈME CHANT.

---

(1) Allusion à l'entreprise que firent les Protestants de s'établir à la Glacerie.

QUATRIÈME CHANT.

Les Glaceriens, depuis cette querelle
Qui leur avait aboli leur chapelle,
Ne voyaient plus le dimanche au matin,
Pour assister à l'office divin,
Les villageois de toute la contrée,
Dont la plupart, pour finir la journée,
Allaient chanter les vêpres chez Guilmot.
On vit tomber le commerce bientôt,
Et les marchands, d'une lieue à la ronde,
Ne venaient plus depuis cet abandon,
Y débiter leur lard et leur mouton :
Plus de gaîté, la misère profonde
Allait bientôt faire de ce hameau
Un lieu désert, plus triste qu'un tombeau.

On conviendra que c'eût été sottise,
Pour Lemagnen d'aller voir son église,
Après avoir causé ce changement.
Grands et petits lui gardaient une dent ;
Et par malheur si dans la Glacerie,
Un beau matin, il se fut présenté,
Assurément, il eut été frotté,
Pour s'en sentir le reste de sa vie.

Il en était si bien persuadé,
Que dès le jour qu'il s'était évadé
D'entre leurs mains, il vendit sa chapelle
A Beaumesnil, en jurant de plus belle,
Que l'on pourrait l'enfermer comme un fou,
Ou le contraindre à japper comme un dogue,
Si, désormais, il dépensait un sou
Pour acheter église ou synagogue,
Dans un espoir de spéculation.
Ici je rentre à ma narration.

   Les Glaceriens, menacés d'indigence,
D'un meilleur sort perdaient toute espérance,
Lorsqu'un matin, quelqu'un vient affirmer
Que sous huit jours l'évêque de Coutances
Dans le canton viendra pour confirmer,
Ce qui promet les plus heureuses chances
D'amendement à la position ;
Car on pourra, par cette occasion,
Avoir le droit de rouvrir la chapelle.
On s'entre dit cette bonne nouvelle ;
Vite l'on fait une pétition ;
On fait signer toute la Glacerie ;
Le rédacteur c'est la Huberderie ;
Il en fera la présentation
A Monseigneur, ou bien au grand vicaire,
L'abbé Lamarre ; ils ont étudié,
A Sottevast, ensemble au séminaire ;
On s'est toujours l'un l'autre tutoyé ;
L'évêque et lui sont presque même chose,
Sur lui, toujours, Monseigneur se repose,
Pour tout le soin d'administration.
« Or, nous pouvons, dit La Huberderie,
Être assurés de gagner la partie,
Car je réponds de sa protection. »

Huit jours après, l'évêque et son cortège,
Dans Tourlaville établissaient leur siège ;
L'entraînement est bientôt général ;
Dès le matin, au confessionnal,
Jusqu'à la nuit, on tient les deux vicaires ;
A d'autres temps on remet ses affaires,
Pour mieux soigner sa disposition
A recevoir la confirmation.

Voici le jour de la cérémonie,
Le ciel est beau, la campagne est fleurie,
L'air retentit du concert des oiseaux ;
Bientôt la cloche éveille les hameaux ;
Les villageois, que ce son électrise,
A pas pressés, s'avancent vers l'église
Où tout respire un air de majesté,
Et le prélat, en chaire étant monté,
A fait comprendre, à tout son auditoire,
Quel est de Dieu la puissance et la gloire,
Puis au chrétien, toute l'utilité
Du sacrement, que le salut impose.
Et qu'en ce jour l'Eglise lui propose.
Les auditeurs, avec attention,
Ont écouté ce sermon salutaire,
Et le Pasteur, descendant de la chaire,
Va dans le cœur prendre position.
Autour de lui s'assemble son chapitre,
L'un tient sa crosse et l'autre tient sa mitre,
Celui-ci l'huile, un autre le coton.
On s'est signé ; les assistants dociles,
A deux genoux, s'étant mis sur deux files,
Tendant la joue avec dévotion,
Ont tous reçu la confirmation ;
Puis mille voix, entonnant des cantiques
Qui du très haut célèbrent la bonté,

Font retentir la voûte et les portiques :
Ainsi finit cette solennité.
Chacun, prenant le chemin de son gîte,
S'en va tirer son lard de la marmite,
Et monseigneur, en passant, les bénit ;
Puis, gravement, par le curé conduit,
Avec sa suite, il entre au presbytère,
Dont les fournaux embaument l'atmosphère.
Les cuisiniers, par un échantillon
De leurs talents, servent dans le salon,
A ces messieurs un dîner d'étiquette,
Où chacun fait honneur à son assiette,
Et sans trinquer vide son rougebord.
Quelques bons mots sont échangés d'abord.
Des rangs c'est là qu'on voit la différence.
Les hauts placés auprès de monseigneur,
Sur tous sujets parlent de préférence,
Et dans le but de plaire à Sa Grandeur,
Un rien par eux acquiert de l'importance.
Celui qui tient un rang inférieur,
Eût-il cent fois plus d'esprit que Voltaire
Ou que Bossuet, son rôle est de se taire,
S'il ne veut point passer pour importun ;
Mais après tout, en bonne compagnie,
Boire, manger, faire tapisserie,
Vaut encor mieux que de rester à jeun,
Ou de se voir n'être écouté d'aucun.

Il est grand temps que, pour la Glacerie,
Ami lecteur, je rentre à mon sujet.
Je vois Edouard de la Huberderie,
A monseigneur présentant son placet ;
On lui promet que, vu les circonstances,
On fera droit à sa pétition

Dès qu'on sera de retour à Coutances.
Huit jours après, l'autorisation
Vient au curé, de rouvrir la chapelle,
Et qu'un vicaire en soit le desservant,
Si, sur deux, un lui reste suffisant.
On le croira, cette heureuse nouvelle
Porte la joie au cœur des Glaceriens ;
D'être à dimanche ils sont impatients.
Dimanche vient pas de réouverture ;
On est surpris, on s'étonne, on murmure ;
Plusieurs d'entre eux s'en vont chez le curé,
Qui les reçoit d'un air très affairé,
En leur disant que s'il a deux vicaires,
Ce n'est pas trop pour sa charge d'affaires,
Qu'ils peuvent voir leur ancien desservant,
Dont leur chapelle était la succursale,
Qu'il la bénisse, et que dorénavant
Il l'administre, ainsi qu'auparavant ;
Mais, qu'au surplus, l'église paroissiale
N'est pas si loin qu'on n'y puisse venir,
Et puis d'ailleurs, plus loin, plus de mérite.
Les députés, voyant pour en finir,
Que leur démarche était sans réussite,
Sont revenus raconter, au plus vite,
A leurs amis, les raisons du curé.
« Quoi ! disent-ils, pour agir à son gré,
Il nous faudrait aller à ses offices,
Pour augmenter encor ses bénéfices ?
A monseigneur il faut le dénoncer. »
« Nous ne pouvons, dit Guilmot, le forcer
A nous donner, le dimanche, un vicaire,
A moins qu'un seul pour lui soit suffisant ;
Il sait fort bien vous le mettre en avant,
Mais aidez-moi dans ce que je vais faire,

Et vous verrez si de sa propre main,
Nous n'aurons pas dimanche un chapelain. »
Tous ont promis d'aider son entreprise,
Et pour Cherbourg Guilmot part sans remise.
Il va trouver son ami Barafort,
Bon calviniste, et qui tient à la gloire,
D'être, à Cherbourg, membre du consistoire :
Ils sont entrés au grand café du port ;
Après avoir parlé catholicisme,
Tout en buvant un bon verre de vin,
Il lui fait part que, disposés au schisme,
Les Glaceriens vont se rendre à Calvin ;
Qu'il est chargé de traiter cette affaire
Près du ministre, et pour les satisfaire,
Il faut tâcher qu'il vienne dès demain,
Par un sermon mettre la chose en train,
Car on l'attend avec impatience.

« Mon cher Guilmot, ayez bonne espérance,
Dit Barafort, croyez que mon pasteur
Approuvera votre sage entreprise,
Comptez aussi, que par mon entremise,
Il va se rendre à vos vœux de bon cœur ;
Venez le voir, je vais vous y conduire,
Et du projet vous-même allez l'instruire. »

« Je le veux bien, allons-y, dit Guilmot. »
Chez le ministre on arrive aussitôt.
Des Glaceriens se disant mandataire,
Guilmot s'adresse au ministre sectaire :
« Sachez, dit-il, que mes concitoyens,
Dans leur dégoût pour le catholicisme,
Prétendent tous se rendre au calvinisme ;
D'y parvenir donnez-leur les moyens,

Venez demain les mettre sur la voie ;
On vous attend avec bonheur et joie,
On se promet, avec dévotion,
D'aller en masse à votre instruction. »

Guilmot se tait, attendant la réponse,
« J'irai demain, Monsieur, dit le pasteur,
A vos amis vous en ferez l'annonce,
Et si je trouve en eux de la ferveur
Pour les leçons du grand réformateur,
Tout ira bien, nous vaincrons les obstacles,
Sans employer le moyen des miracles. »

Après ces mots, Guilmot, rempli d'espoir,
A pris congé du grave personnage,
En lui disant : pour demain, au revoir,
Et promptement il revient au village,
Vantant partout le succès du message,
Et stimulant l'enthousiasme de tous,
En leur donnant, pour demain, rendez-vous.

Le lendemain, d'après son espérance,
Guilmot, chez lui, voit venir l'affluence ;
Tous les hameaux ont des représentants,
Pour les honneurs à rendre aux protestants ;
Il a gagné, pour eux, les sympathies ;
On les attend par les terres feuillies.
Accompagné d'un cortége nombreux,
Il les rencontre auprès des arbres creux,
Et les reçoit avec cérémonie,
Puis les conduit chez La Huberderie :
On a dressé pour eux, dans le jardin,
Le long du mur, contre un épais jasmin,
Une tribune en gazon et feuillages,
Où le ministre et ses consistoriens,

Se sont assis. Alors les Glaceriens
Et tous les gens accourus des villages,
Se sont groupés près de ces personnages,
Faisant silence et brûlant de savoir
Ce qu'on allait leur faire concevoir,
Quand le pasteur, de sa modeste chaire,
Leur parle ainsi, d'un accent débonnaire :
« Chers villageois, l'honorable Guilmot,
M'ayant instruit que, lassés du Papisme,
Vous désiriez vous rendre au Calvinisme,
Je suis venu parmi vous aussitôt,
Pour m'assurer si dans cette tendance
Vous promettez de la persévérance. »

Tous d'une voix disent : nous le voulons,
Nos plans sont pris, nous y persisterons !

« Eh bien, Messieurs, leur répond le ministre,
Il ne faut plus, pour qu'ici j'administre,
Que d'en avoir l'autorisation,
Et pour cela, signez sur un registre,
Soixante au moins, votre conversion. »

Là, tout-à-coup, une table est dressée,
Et tout autour, une foule empressée
S'entre passant la plume et l'encrier,
De cent vingt noms a chargé le papier.
Un résultat d'une telle importance,
Donne au pasteur la meilleure assurance,
Qu'ici, sa cause a fait de grands progrès ;
Pour s'assurer encore mieux du succès,
De son Église il fait l'apologie :
« Nous possédons, dit-il, chers auditeurs,
Les vérités de la théologie,

Et nous venons dissiper vos erreurs ;
Nous remontons par notre liturgie,
Aux livres saints de l'Ancien Testament ;
Nous enseignons par les saints Évangiles,
La loi du Christ, sans aucun changement,
Qui vous promet l'entrée au firmament.
Nous n'irons point, par des mots inutiles,
Pris au latin, qui vous sont des rébus,
Éterniser un système d'abus ;
La vérité ne craint point la lumière :
C'est en français et même en sens vulgaire,
Que nous viendrons éclairer votre foi.
Nous prescrivons ceci dans notre loi :
Adorez Dieu sans vouloir le comprendre,
D'une parole il a fait l'univers ;
A ses bontés le juste doit prétendre,
Ses châtiments atteindront les pervers ;
Pour le prochain ayez de l'indulgence,
Faites le bien sans ostentation,
Dieu seul doit voir cette bonne action ;
Par des bienfaits répondez à l'offense ;
Du superflu soulagez l'indigent,
A ses malheurs apportez du remède ;
Ne faites point prier pour de l'argent,
De vous à Dieu, Christ est seul intermède ;
Priez par lui, pratiquez ses vertus,
Et Dieu pour vous n'aura point de refus.
Pour aujourd'hui c'est assez vous en dire,
Nous reviendrons dimanche vous instruire,
Vous comprendrez, je crois, facilement,
Qu'on ne voulait que votre aveuglement. »

Après ces mots la séance est levée ;
On applaudit, les voix des auditeurs

Font de Risbec retentir la vallée,
Tant ce discours a réjoui leurs cœurs ;
Puis le ministre avec sa compagnie
Sont reconduits chez la Huberderie,
Où d'un dîner l'on a fait les apprêts,
Pour ces messieurs et les premiers notables.
En même temps, dans tous les cabarets,
La multitude utilise les tables,
Mangeant, buvant, trinquant à verre plein,
En commentant le culte de Calvin.

Dans le village, il n'est point de mystère,
Dont le secret ne vienne au presbytère :
Voilà pourquoi le sermon protestant
Fut au curé rapporté dès l'instant ;
La nuit suivante, il en eut l'insomnie.
Le lendemain, il parcourt les hameaux,
Prêchant la foi, détruisant l'hérésie ;
Quelques succès soutiennent ses travaux ;
Il a déjà pour lui les ménagères,
Dont les maris, à Cherbourg ouvriers
Dès le matin sortent de leurs chaumières,
Et jusqu'au soir sont à leurs ateliers.
Par tous moyens on promet de les rendre,
Mais les présents ne veulent rien entendre ;
Le calvinisme a, pour eux, si bon droit,
Qu'il convient seul au bonheur de l'endroit.

Le bon curé, sans perdre patience,
Va chez Guilmot qu'il trouve en conférence
Avec Edouard, Lamarre et Jean Bertrand ;
Il s'aperçoit qu'il les trouble en entrant,
Et saisissant ce moment d'influence :
« Messieurs, dit-il, quel est votre dessein,
Et pourriez-vous être assez téméraires

Que de vouloir au culte de vos pères,
Substituer les erreurs de Calvin ?
Hier ici vous fêtiez son ministre,
Vous appeliez le peuple à son sermon ;
Je viens d'en voir le résultat sinistre ;
Dans les hameaux il n'est pas de maison,
Où l'on n'y soit possédé du démon :
Ici c'est l'homme, autre part c'est la femme,
Qui, hasardant le salut de leur âme,
La bible en main, discutent follement,
Et de leur foi se font un réglement ;
Leur discidence excite des querelles,
A notre loi ceux qui restent fidèles
Sont insultés, traités par les intrus,
De sots fieffés et de cerveaux perclus ;
Cette hérésie, en augmentant ses forces,
N'enfantera que haines, que divorces,
Et vous serez la cause de ces maux :
Détournez-les, il en est temps encore.
Rétablissez la paix dans les hameaux ;
Vite, éteignez le feu qui les dévore,
Sinon l'enfer n'aura point de tourment
Assez cruel pour votre châtiment ! »
« Puisque le mal, dit Guilmot, est extrême,
De l'empêcher, il ne tient qu'à vous-même ;
Promettez-nous que, dimanche prochain,
Dans la chapelle on nous dira la messe ;
Que nous aurons, de droit, un chapelain ;
De mon côté, je vous fais la promesse,
De mettre en paix ce peuple exaspéré ;
Et vous verrez les plus chauds hérétiques :
Par moi, changés en zélés catholiques. »
« Je le promets, lui répond le curé ;
Comptez sur moi ; vous, tenez-moi parole. »

Puis il salue et s'en va rassuré,
Voyant le mal près d'être réparé.
Comment Guilmot va-t-il jouer son rôle,
Pour ramener sous le pouvoir romain,
Tant d'apostats qui sont faits de sa main ?
Mon cher lecteur, un peu de patience,
Vous allez voir que sa haute science
L'affranchira de ce qu'il a promis :
Il a déjà réuni ses amis,
Et chacun sait de lui, ce qu'il faut faire,
Pour le succès de cette grande affaire ;
Le ciel aussi, paraît à ce sujet,
Se disposer à servir son projet.

   Les Glaceriens ont tant trinqué la veille,
Que cette nuit ils ronflaient à merveille ;
Lorsque le ciel soudain, entre en courroux ;
Un éclair brille et le tonnerre gronde :
Avec fracas il redouble ses coups.
Chacun, saisi d'une terreur profonde,
En s'éveillant, pense à la fin du monde ;
Mais c'est bien pis, dans leurs émotions,
Voici des cris, des lamentations,
Entremêlés aux éclairs, à la foudre !
Nul, à sortir, ne pourrait se résoudre,
Chacun, de peur, s'enfonce dans son lit,
Sans fermer l'œil le reste de la nuit ;
Dans sa frayeur ses cheveux se hérissent,
Quand par moments ces bruits sourds retentissent,
Et tout son corps se charge de frissons.
Enfin, le jour a dissipé l'orage,
Et fait cesser les lamentations.
Les Glaceriens, la pâleur au visage,
Par ci, par là, groupés dans le village,

Se font, entre eux, le terrible récit,
De leurs frayeurs dans cette affreuse nuit ;
Et de ces cris tous ignorent la cause.
La nuit suivante est encor même chose.
Mais, cette fois, les plus déterminés,
Hors de la porte ayant montré le nez,
Ont aperçu le squelette d'un homme,
Dans un linceul, et ce hideux fantôme,
Du Val-Risbec parcourant les buissons.
On les voyait se prosterner à terre,
Toutes les fois que roulait le tonnerre,
Et remplir l'air de lamentations.
Le vieux Major vient affirmer de même,
Que cette nuit, revenant de Penême,
Il avait vu, dans les prés du château,
Deux revenants, l'un tenait un flambeau,
Courant après leurs têtes décolées,
Qui, devant eux, étaient toujours roulées.
Ce ne sont plus que récits effrayants,
Sur les lutins, fantômes, revenants,
Que l'on a vus, durant les nuits dernières :
On ne peut plus sortir de sa maison,
Sans, devant soi, voir une vision ;
Les carrefours sont barrés par des bières ;
Les chemins creux sont pleins de loups-garoux,
Qui vont lançant du feu par tous les trous.
Toutes les nuits Guilmot, depuis dimanche,
Devant sa porte a vu la dame blanche ;
Et dès qu'il veut vers elle s'avancer,
Sur sa maison il la voit s'élancer,
En lui faisant une laide grimace,
Puis s'éclipser, sans laisser nulle trace ;
Et l'on entend, pendant quelques moments,
L'air retentir d'affreux ricanements.

Tous ces détails, que l'on fait à la ronde,
Jettent partout une terreur profonde,
Et chacun dit, dans son étonnement ;
« Depuis trois jours, mon Dieu, quel changement,
La Glacerie, en tout temps si paisible,
N'est plus, la nuit, qu'un séjour infernal !
Pour mériter un pareil bacchanal,
Qu'avons-nous fait de si répréhensible ? »
« Vous l'ignorez ? leur dit Colin Lebrun, (1)
A pis encor vous devez vous attendre ;
Écoutez-moi, vous allez le comprendre,
Car, sur cela, j'en sais plus long qu'aucun :
J'avais trente ans lorsque la République,
En prohibant le culte catholique,
Par un décret fit fermer les saints lieux ;
Dès que l'on eut fermé notre chapelle,
Notre village, hélas ! je m'en rappelle,
Toutes les nuits devint bien malheureux !
On n'y voyait que lutins et fantômes,
Et de Risbec les lamentations,
Et son squelette en apparitions,
Dont vous avez ces nuits vu les symptômes ;
Puis Ravalet, auprès de son château,
Par les démons, tourmenté pour ses crimes,
Et ses enfants, au nombre des victimes,
Offrant leur tête au tranchant du bourreau.
Tant que dura le culte des déesses,
Risbec n'ayant ni prières, ni messes,
Mettait en jeu toutes ces visions,
Qui descendaient jusque dans les maisons.

---

(1) Nicolas Lebrun, père de M. l'abbé Lebrun. C'était un des anciens verriers. — Il se plaisait à raconter des chroniques ; il avait connu Risbec et en parlait souvent.

Tout disparut avec les jours de crises.
Dès qu'on permit de rouvrir les églises ;
Et vous voulez vous rendre protestants,
Pour ramener ici ces mauvais temps !
Vous en voyez déjà l'expérience,
Continuez si cela vous convient,
Mais de pardon n'ayez nulle espérance
Car vous aurez ce qui vous appartient. »

   Cette menace a répandu l'alarme,
De tous côtés ce n'est plus qu'un vacarme,
On fait fureur contre les protestants,
Que l'on accuse eux et leurs partisans,
D'avoir causé ces visions horribles.
On les maudit, on jette au feu leurs bibles,
Faisant serment, pour dimanche prochain,
D'organiser contre eux un coup de main,

   Voici dimanche, après tant de tourmente,
De grand matin, on voit les mécontents,
La trique en main, fermes dans leur attente,
Former déjà de gros attroupements ;
Tous ont juré, sur l'honneur de leurs armes,
Que chaque coup porté par leur gourdin,
D'un protestant va finir le destin ;
Mais, que voit-on ? Ce sont quatre gendarmes,
Au Sous-Préfet de Cherbourg demandés,
Et qui pour l'ordre ici sont commandés ;
Voici venir ensuite deux messieurs prêtres,
Monsieur le maire et deux gardes-champêtres,
Un sacristain portant des ornements :
Guilmot se rend à leurs commandements,
Ses affidés répandent la nouvelle
Dans les hameaux, qu'on rouvre la chapelle,

Qu'on a béni l'autel et le lutrin,
Et qu'on est prêt pour l'office divin.
Soudain la cloche, en bruyantes volées,
Fait retentir les monts et les vallées ;
Les villageois électrisés, joyeux,
Sont accourus, de toute la contrée,
Revoir l'autel fondé par leurs aïeux ;
Et la chapelle en est toute encombrée.
Les Glaceriens, ravis d'un tel concours.
Pensent revoir le temps de leurs beaux jours,
Et de Guilmot exaltant la victoire,
A haute voix, ils proclament sa gloire,
En promettant de transmettre à jamais
A leurs neveux, son nom et ses hauts faits.

Tout en vantant Guilmot et son histoire,
Que l'on aura toujours dans la mémoire ;
Un grand danger restait encor pendant,
Car Beaumesnil pouvait, par un caprice,
Dans sa chapelle interdire l'office,
Ou toutefois s'y montrer exigeant ;
Mais cette crainte a fait place à la joie :
Un digne abbé, qu'ici le ciel envoie (1),
Vient annoncer qu'il a l'intention,
Au val Risbec, de bâtir une église,
Par le moyen d'une souscription.
Tous à l'envi soutiennent l'entreprise ;
Bientôt après l'église et son clocher,
Sont élevés presque au pied du rocher.
A Beaumesnil on remet sa chapelle.
Ce fut alors une fête nouvelle,
Quand de Cherbourg le docte et saint curé,
Bénit ce temple au Seigneur consacré ;

(1) M. l'abbé Regnet.

On vint en foule à la cérémonie,
C'était à qui, sur l'autel de Marie,
Ferait brûler et la cire et l'encens.
De ces hameaux la discorde bannie,
Est disparue avec les dissidents :
Plus de débats, de haînes, de querelles ;
Depuis ce temps le zèle du pasteur,
Prêchant à tous les vertus fraternelles,
A fait goûter la paix et le bonheurr.

FIN DU QUATRIÈME ET DERNIER CHANT.

A M. LE GOUPIL. [1]

———>•‹———

Travailleur diligent que jamais rien n'arrête
Et qui sais animer les bords de la Divette,
Toi dont plus d'un jaloux admire les travaux,
Permets qu'un paresseux t'adresse quelques mots.

Quand je vois le soleil commencer sa carrière
Et de ses premiers feux dorer la Fauconnière
Ou quand, dans sa soupente, un indolent berger
Entend au point du jour ses troupeaux l'appeler ;
Alors en ta maison tout s'agite et s'empresse,
Pas un seul mouvement n'est empreint de mollesse :
Ainsi dans un vaisseau chacun sur le tillac,
Quand on bat la diane a serré son hamac !

Soit que je t'aperçoive, au chant de l'alouette,
De ton agile main promener la navette,

[1] A l'occasion de la publication du poëme de la Glacerie, M. Bazan, agent administratif de la marine, nous adressa cette pièce de vers.

Ou bien qu'entre tes doigts le rasoir, le savon
Fassent un jouvenceau de quelque vieux barbon ;
Soit que des champs voisins, tel qu'un grand géomètre,
Tu trouves, sans erreur, le juste périmètre,
Qu'enfin, à ton retour, sur un galant sujet
Il sorte de ta veine un joli triolet,
Même pour ton église un ravissant cantique
Tout en rêvant au plan de quelque œuvre comique,
Je t'admire en riant de Monsieur de Pibrac
Gascon qui n'eut jamais qu'une corde à son arc.

Ah ! si j'étais du moins un citoyen utile !...
Mais non, de ma personne embarrassant la ville,
J'en parcours les trottoirs comme un franc hébété
Et chacun de se dire : encore un retraité !...
Dis-moi, quand chaque jour, surtout à certaine heure,
Tu m'aperçois rôder par devant ta demeure,
Inspectant les pavés, baillant comme un nigaud,
Ne me trouves-tu point l'air d'un pauvre badaud ?...
Pour moi je voudrais voir, par un décret rigide
L'Empereur employer tout retraité valide
A creuser les canaux, redresser le chemin
Et non le rencontrer la badine à la main !
Mais sur les paresseux, il me vient en mémoire
Un trait assez plaisant que j'ai lu dans l'histoire :
Je vais te le conter à l'oreille en deux mots,
Car tu hais, je le sais, les languissants propos.

Ami, tu sauras donc qu'autrefois dans Athènes,
Cité qui vit fleurir le fameux Démosthènes,
Tout citoyen devait, devant le magistrat,
Prouver, justifier quel était son état,
Démontrer clairement, sans nulle réticence,
Quels pouvaient être enfin ses moyens d'existence.

Or, certain philosophe en jasant au grand jour,
Attira les regards des voisins d'alentour,
Et fut bientôt cité devant l'aréopage
Puis sommé de répondre *ad rem,* ou sans ambage.
Notre homme qui d'esprit possédait quelques grains,
Sans se déconcerter montre aux juges ses mains,
Non des mains de muguet, mais dures et cailleuses,
Qui mirent à néant les trames ténébreuses :
Il sut prouver enfin, sans le moindre détour,
Qu'il travaillait la nuit pour raisonner le jour !

Je voudrais que chez nous une loi très sévère,
Ne permît à personne aussi de ne rien faire,
A moins d'être impotent ou réputé goutteux :
Car pour moi le flâneur fut toujours dangereux.
Eh ! qui donc, au milieu d'une paisible ville,
Vient allumer les feux de la guerre civile,
Sinon les fainéants, ou bien les désœuvrés
Qu'à troubler le repos le sort a condamnés.
Y voit-on le marchand ou l'employé modeste,
Gens pour qui la révolte est toujours si funeste ?
Non, c'est sans contredit, la main du paresseux,
Que s'empresse d'armer le lâche factieux....

Toi, digne citoyen qui sais par ta sagesse,
Et des travaux constants pourchasser la mollesse,
Tu sais apprécier quel est le prix du temps
Et toujours à profit employer tes talents.
Du travail de tes mains nourrissant ta famille,
Tu vaux mieux à mes yeux qu'un fainéant qui brille,
Puis la navette en main courtisant Apollon,
Sans sortir de chez toi, tu gravis l'Hélicon.
Et dans l'heureux transport de l'esprit qui t'anime,
Tu trouves, sans labeur, la césure et la rime !

C'est ainsi qu'autrefois l'on vit un Basselin,
Du Parnasse français découvrir le chemin,
Et qui, donnant carrière à sa veine fertile,
Chez nous autres Normands créa le vaudeville.
Plus tard un menuisier, citoyen de Nevers,
Trouva, sans le chercher, le secret des beaux vers.
A plus d'un grand faiseur cité pour son génie,
Maître Adam sut causer souvent la jalousie.
Despréaux lui préfère un insigne fripon,
Sujet à la potence, un gueux nommé Villon.
C'est ainsi que voyant du clinquant dans le Tasse
Il met, sans balancer, Voiture au rang d'Horace,
Boileau sur le Parnasse a voulu gouverner
Et de dignes rivaux brusquement écarter.
Il voulait pour lui seul et l'encens et la gloire,
Trôner sans concurrents au temple de Mémoire !
Un jour, mal conseillé, l'on a vu maître Adam
Auprès d'un grand ministre, apprenti courtisan;
Le poète inhabile à faire la courbette
Richelieu le frappa d'une stupeur complète
Et Billaut accueilli tel qu'un franc visigot
S'en retourne à Nevers reprendre son rabot !...
Près du foyer natal, il retrempe sa veine
Retrouve, pour rimer, la source d'Hippocrène.
Basselin, maître Adam dans leurs brillants succès,
Ont immortalisé le travailleur français :
Ils burent pour chanter, ils chantèrent pour boire
Occupèrent ainsi le burin de l'histoire.
Il est vrai ces rimeurs surent chanter Bacchus
Dédier de beaux vers à l'Amour, à Vénus :
Mais pourquoi n'ont-ils pas exercé leur génie
A vanter les beaux arts, l'honneur et la patrie ?
Il fallait relever l'humble condition,
Découvrir les trésors d'une profession

Où l'on peut aisément exister sans richesse
En faisant comme toi la guerre à la mollesse !
Ne soyons point jaloux du poète Jasmin
Qui des palais des grands sait trouver le chemin
Rencontrer la fortune en rimant à leur table !
Pour toi moins répandu, mais autant estimable
Content de vivre en paix dans ton humble séjour
Tu ne connus jamais l'art de faire la cour.
Non, jamais chez un grand, importun parasite,
Le Goupil n'a flairé la dinde ou la truite ;
Vainement chez un duc on t'offre le turbot,
Tu préfères chez toi la fortune du pot !
J'estime le mortel fait d'une telle étoffe
Et l'on reconnaît là le parfait philosophe
J'aimerais mieux rimer en broutant mon pain sec
Que d'aller chez un comte arroser le bifteck :
Le poète normand est fier de sa misère
Et ne tend pas la main comme un vil mercenaire ;
Inconnu, méprisé, ferme dans le malheur,
Il sait se respecter, mourir avec honneur.

BAZAN,
Agent administratif.

RÉPONSE A M. BAZAN.

Grand merci ! cher Bazan, ta bienveillante épître
Prétend rendre mon nom fameux à plus d'un titre;
Tu m'y peints comme un homme actif, intelligent,
Travaillant des deux mains à gagner de l'argent;
Tisserand, perruquier, écrivain, géomètre,
Content d'un petit gain, juste autant qu'on doit l'être,
Prêchant la patience aux esprits mécontents,
Et mettant à profit quelques rares instants,
Pour sauver de l'oubli un fait, une chronique,
Qui peuvent se prêter à l'héroï-comique;
Il est vrai, ce sont là mes occupations;
Je ne puis être heureux sans ces conditions.
Puisque pour le travail le destin m'a fait naître,
Ce qui me vaut, d'ailleurs de vivre un peu mon maître,
Car l'honnête ouvrier, en état de santé,
Plutôt que d'être à charge à la société,
Aime mieux ne chercher d'appui qu'en son courage
Pour être indépendant au sein de son ménage ;
Cet homme est affranchi de mille abjections,
Son cœur n'est point navré par les déceptions,
Son sommeil est tranquille ; il goûte en paix la vie,
Et peut se faire encore un sort digne d'envie.
Mon désir, cher Bazan, est d'atteindre ce but,
Ce n'est pas, toutefois, que je misse au rebut
Quelque peu des faveurs de l'aveugle déesse,
On doit craindre toujours de tomber en détresse ;
Mais bien loin de trancher du riche parvenu,
Je me contenterais d'un petit revenu

Qui me permît, au moins, quelques jours la semaine,
Dans l'air libre des champs d'aller reprendre haleine ;
Avec toi, cher ami, qui vis en retraité,
Et crains qu'on te reproche un peu d'oisiveté,
A l'ombre des bosquets, assis sur la verdure,
J'irais m'entretenir sur la littérature,
Sur les mœurs du passé, les progrès du présent,
En laissant l'avenir aux soins du Tout-Puissant ;
Bientôt nous reportant à ces beaux paysages,
Formés de rideaux verts bordant des héritages,
Où l'on voit dispersés des groupes de maisons,
Auprès des champs couverts d'ondoyantes moissons,
Des jardins enrichis des trésors de Pomone
Et des pommiers chargés des beaux fruits de l'automne.
Des côteaux, des vallons, les aspects variés,
Du touriste amateur si bien appréciés.

Oh ! qu'il nous serait doux sous l'ombrage des hêtres,
D'admirer à loisir ces merveilles champêtres ;
Alors puisque mes vers ont pour toi de l'attrait,
Libre du gagne-pain qui souvent me distrait,
Tu me verrais encor gaiement monter ma lyre,
Et faire résonner, dans mon joyeux délire,
Tous ces lieux enchantés, de rustiques chansons ;
Ou bien la consacrant à de plus nobles sons,
Laissant pour plus longtemps reposer la navette,
Sur ce rivage heureux où finit la Divette,
Je chanterais Cherbourg, ses merveilleux travaux,
Ses superbes chantiers, ses riches arsenaux,
Sa digue incomparable, autre effort du génie,
De l'Océan grondant qui brave la furie,
Et forme de la rade un bassin abrité,
Où l'escadre est à l'ancre en toute sûreté.

Oui, Bazan, je voudrais dans ma reconnaissance,
Pour la ville, où tous deux nous avons pris naissance,

Célébrer dans mes vers ces hommes éminents,
Qui du nouveau Cherbourg, jetant les fondements,
Travaillant de concert sur une plage agreste,
Changeant l'aspect vieilli d'une cité modeste,
Qui doit son existence au premier des Césars,
Surent la transformer en chef-d'œuvre des arts ;
Et dans son avenir préparer à la France,
Sur l'empire des mers une haute influence.
Fouillant les souvenirs de l'antique cité,
Je décrirais les mœurs, l'honneur, l'urbanité,
Les combats, les revers, les succès et la gloire,
De nos pairs-à-barons, célébrés dans l'histoire,
Fiers de leur liberté, quand dans leur union
Ils repoussaient le joug de la fière Albion.
Il nous semblerait voir encore en sentinelle
Ce peuple belliqueux gardant sa citadelle.
Sans garnison chez lui, puisqu'il n'en voulait pas,
Défendre à l'ennemi d'avancer d'un seul pas ;
Pour l'honneur du pays signalant son courage,
Et préférant cent fois la mort à l'esclavage.

   Cette tâche serait d'un travail étendu,
Et moi dans mon métier qui dois être assidu,
A quelque autre rimeur j'en laisse l'avantage,
Et la navette en main reprenant mon ouvrage,
Je dois me contenter de celui que j'ai fait,
Puisqu'il est de ton goût et qu'il te satisfait.

   Pardon, mon cher ami, que mon peu de réserve,
M'ait fait aller si loin entraîné par ma verve ;
J'en reviens à tes vers, leur composition,
Me prouve ton esprit, ton érudition,
Ton cœur franc et loyal, voyant sans jalousie,
Celui qui comme toi fait de la poësie ;
D'une telle amitié je me fais un bonheur,
Et tâcherai toujours d'en mériter l'honneur.

LA BÊTE MYSTÉRIEUSE.

INTRODUCTION.

M. Maurice, l'un des principaux entrepreneurs de Cherbourg sous le règne de Louis XVI, fit, pour les besoins des travaux, ouvrir une carrière de pierre bleue, sur le bord de son bois, qui longe le chemin de la Glacerie ; une maison y fut bâtie pour loger le contre-maître de l'exploitation (M. Philippe). En 1788, le canal de retenue, dernier travail de M. Maurice, étant terminé, la carrière, devenue alors inutile, fut abandonnée ; une source d'eau, qui était dans le rocher, et les eaux pluviales l'eurent bientôt remplie à la hauteur du sol, formant ainsi une mare d'environ 20 mètres de longueur, 12 mètres de largeur, et 10 mètres de profondeur ; les parois étaient perpendiculaires presque tout autour, ce qui formait un précipice fort dangereux au bord d'un chemin.

Les époux Mangon, dit Houlette, remplacèrent M. Philippe dans la maison, étant logés là comme manœuvres chez M. Maurice, et ensuite chez MM. de Riancourt, ses gendre et petits-fils. Ils veillaient aussi à la garde de la propriété ; de là l'origine du nom de Mare Houlette, que porte encore cette mare. Ils ont eu connaissance que deux chevaux, attelés à un banneau appartenant à un sieur Simon, fermier de M. de Riancourt, étant allés boire à la mare, perdirent pied, entraînant le banneau, dont le poids prît le fond, le tout disparut sans qu'on pût rien sauver. Quelque temps avant, un nommé Favreau, canonnier-vétéran, fut retiré flottant sur l'eau, et déjà en putréfaction ; en 1822, Pierre Paysant, fils du fermier de M. de Riancourt, voulant retirer une ligne d'ameçons, s'y noya ; ces événements déterminèrent M. de Riancourt à faire remblayer environ les deux tiers de cette mare dans sa partie la plus profonde ; deux hommes s'y sont encore noyés depuis, Dussaussois, maître couvreur, et Jouenne, ancien pompier de la marine.

Le sieur L....., ancien agent de police et cantonnier de la ville, occupe maintenant la maison, et garde la propriété de M. de Riancourt ; au mois d'octobre 1857, il fit courir le bruit, « que sur quarante canards qu'il avait, trente-trois avaient été mangés par une bête qui était dans la mare ; que son fils l'avait vue, qu'elle avait une énorme tête couverte d'une crinière, qu'elle avait de gros yeux ardents et un regard farouche, dont son fils fut tout appréhendé, étant accouru en donner connaissance à son père, et celui-ci y étant allé avec une arme, n'avait rien vu, car la bête s'était plongée au fond. » Le garde fit part de ce fait à M. George, le maître charpentier qui faisait construire la gare du chemin de fer ; celui-ci fit venir d'Amfreville, sur un wagon, une pompe, pour assécher la mare et attraper la bête ; les pompiers ne manquèrent pas pour faire cette besogne, car on faisait payer les curieux ; ce fut le 7 novembre 1857, que le travail commença. Cette nouvelle fit tant de bruit, que plus de deux mille personnes accoururent de Cherbourg et des environs pour voir cette bête, sur laquelle on faisait mille récits extraordinaires.

C'est cette merveilleuse histoire tragi-comique, que j'ai entreprise de mettre en vers.

LA
BÊTE MYSTÉRIEUSE,

POÈME HISTORI-HÉROI-TRAGI-COMIQUE.

Vous voulez donc, chers amis, que ma plume
Transmette en vers, à la postérité,
Les nombreux faits, dignes d'un gros volume,
D'un monstre affreux, dont la voracité
Fut pour le Roule une calamité ;
Vous le savez, ma Muse un peu caustique,
Ne peut rimer en style pathétique,
Et je ne puis admettre le projet
De frédonner un si grave sujet
Sur le ton gai de l'héroï-comique.
Mais à vous plaire, occupant mes loisirs,
Le cœur exempt d'intention profane,
Et mon archet frotté de colophane,
Je vais tâcher de combler vos désirs.

Non loin du Roule et de ses frais ombrages,
Fut un séjour digne des lieux sauvages ;
Un sol couvert d'arbustes rabougris,
Entrelaçant leurs étiques feuillages,
Un rocher noir, chargé d'ajoncs fleuris,
Où la chouette, à l'approche des nuits,
Frappe l'écho de sa voix effrayante.
Au pied du roc on voit une eau stagnante,
Qui, bien longtemps, a servi d'abreuvoir ;
Le métayer a trouvé plus propice
De le fermer et d'en faire un lavoir.
Cette eau, dit-on, recouvre un précipice :
Tout près du bord, c'est un gouffre profond,
Où disparut souvent une victime,
Quatre déjà sont revenus du fond,
Et dont les corps ont flotté sur l'abîme.
Dans la chronique, un esprit infernal,
Près de ce lieu, rôde avec un fanal.
En abordant, le passant, s'il est ivre,
Dans son chemin, celui-ci croit le suivre,
Puis, dans la mare, il tombe fourvoyé ;
Plus de lumière et notre homme est noyé.
Une maison au toît chargé de lierre,
De forme basse et couverture en pierre ;
Dans le pignon s'ouvre l'appartement.
D'un cep de vigne, un énorme sarment,
Formant guirlande, encadre la fenêtre ;
C'est là que loge un vieux garde champêtre,
Un peu hâbleur, quand il a bu son coup,
Et n'a jamais rencontré petit loup,
Etant, d'ailleurs, membre de la police.
On peut dormir, lorsqu'il est de service.
Au demeurant, son point d'ambition
Est d'embellir son habitation.

Une clôture, en épine tondue,
Ferme l'enclos, du côté de la rue,
Et qui, couvert naguère de halliers,
Offre aujourd'hui des tertres de verdure,
Un potager, des planches de fraisiers,
Un colombier au haut d'une mâture,
Environné de touffes de rosiers ;
La mare aussi, d'arbres verts entourée,
Et qui longtemps effraya la contrée,
Dans cet ensemble, a son utilité ;
Car sa surface est l'arène nautique
Où, tous les jours, la volaille aquatique
Prend ses ébats et trône avec fierté.

Dans le jardin, le garde et sa famille,
Etant assis auprès d'une charmille,
Avec orgueil voyaient leur basse-cour,
Qui, sur la mare, à la chaleur du jour,
Dans leurs plongeons signalaient leur adresse ;
Quand, tout-à-coup, au milieu des canards,
Un mouvement et des cris de détresse,
Tel qu'eût produit l'aspect de vingt renards,
Les fait soudain se sauver d'épouvante ;
Mais trois, du fond, ne sont point revenus.
Nos spectateurs, surpris et dans l'attente,
Se demandaient : Que sont-ils devenus ?
Pour les avoir, que faut-il que l'on fasse ?
Un, tout-à-coup, revient à la surface,
Battant de l'aile et le corps étendu ;
On le repêche ; il vient d'être mordu :
Son ventre ouvert, ses entrailles mangées,
De ses deux pieds, les membranes rongées.

Les deux absents croqués probablement,
Un coup si prompt et fait si puissamment,

Indique assez que quelque bête affreuse
Se cache au fond de cette eau ténébreuse ;
Peut-être un phoque, une loutre, un lézard,
Un crocodile échappé par hasard
Et qui, voyant fort bien là son affaire
A trouvé bon d'y fixer son repaire ;
Quoiqu'il en soit, au fond, toujours est-il,
Jusqu'aujourd'hui, que l'animal subtil,
Dans quelque coin, tapi sans qu'on le voie,
A su saisir si souvent une proie,
Que trente-trois canards ou canetons
Ont régalé ses appétits gloutons.

 Un beau matin, voilà le fils du garde,
Qui, vers la mare allant à pas de loup,
Sur la surface aperçoit tout-à-coup,
Un animal affreux qui le regarde,
D'un air farouche, avec des yeux ardents ;
Sa longue gueule a de grands crocs de dents,
De longs crins noirs chargent sa tête énorme,
Son vaste corps, dont l'eau couvre la forme,
Se meut au loin sous le flot agité ;
L'enfant chez lui se sauve épouvanté,
De sa frayeur il rend compte à son père,
Et celui-ci, de fureur transporté,
En dégaînant une vieille rapière,
Court vers le monstre avec rapidité ;
Il va gagner sa troisième médaille,
En transperçant son mangeur de volaille,
Car déjà deux lui décorent le sein ;
Mais l'animal devinant son dessein,
Ne voulant pas en être la victime
S'est replongé vite au fond de l'abîme,
Tout en laissant son mortel ennemi
Au bord du trou, penaud plus qu'à demi.

Le lendemain, cette étrange aventure
Est racontée avec un grand détail,
Plusieurs voisins la taxaient d'imposture,
D'autres déjà, craignant pour leur bétail,
Croyant à tout dans leur inquiétude,
D'après les bruits donnant pour certitude
Qu'un jour Sanson avait perdu deux veaux;
Vastel un âne et Simon deux chevaux,
Que l'animal, la nuit dans sa malice,
Avait halés au fond du précipice.
Or, disait-on, il n'est pas étonnant,
D'après ces faits, que cette énorme bête
Ait pu manger des canards maintenant
Et que le fils du garde ait vu sa tête.

Cette nouvelle, arrivant dans Cherbourg,
Fut le sujet de plus d'un calembour,
On inventait des contes ridicules,
Que l'on faisait gober aux plus crédules,
Mais ce qui fut à la fin curieux,
C'est que l'on prit la chose au sérieux,
Lorsque l'on vit, installée à la mare,
La pompe anglaise empruntée à la gare,
Et vingt pompiers d'un courage indompté,
Vider la mare avec activité ;
Qui jusqu'au bout poursuivant l'entreprise,
Voulant par eux que la bête soit prise,
Et pour deux sous exposée aux regards
Pour la punir d'aimer tant les canards.
Dès cet instant le boulevard du Roule
Voit accourir les Cherbourgeois en foule,
Qui vont montant le chemin des bancs verts,
D'un pied léger et les yeux grands ouverts.
Cent pas encor puis ils seront en face
Du précipice et du monstre odieux,

Où sont déjà des flots de curieux,
Qui, du chemin, occupent tant l'espace
Qu'on n'y peut plus librement circuler,
Ceux que la peur ne fait point reculer
Vont se placer au bord du précipice ;
On fait payer un décime en entrant
Et ce n'est pas être trop exigeant,
C'est des pompiers le petit bénéfice ;
L'un d'eux, connu pour être intelligent,
Un Bordelais, la fleur de la Gascogne (1)
Est désigné pour recevoir l'argent ;
Il sait si bien remplir cette besogne
Que son grand plat, devant lui sur un banc,
Est déjà plein de sous et d'argent blanc ;
Aussi voyez nos pompiers à l'ouvrage,
L'espoir du gain anime leur courage,
Sous leurs efforts, la pompe en mouvement,
Donne un cours d'eau qui coule abondamment.

   Leur restaurant est la maison du garde,
Où tout pour eux est à profusion,
Sa femme a fait ample provision
De pain, de lard, de sel et de moutarde,
De chicorée et de bottes d'oignons ;
S'est réservé le foie et les rognons,
Le gros boudin, trois kilos de grillade,
Sur son cochon qu'hier elle a vendu,
S'imaginant qu'en ayant attendu
A l'engraisser, la redoutable bête
N'eut pas manqué d'en faire la conquête.
Mes chers amis, je ne vous dirai pas
Que c'est du vin qu'on sert à leurs repas,
Mais bien du cidre, à cruche toujours pleine,
Ce qui les fait pomper à perdre haleine ;

(1) Constantin, actuellement garde-barrière à Quincampoix.

Maître Bosvy, qui leur en fait cadeau,
S'en récompense en prenant le cours d'eau
Qu'il fait aller par tout son clos en herbe,
Comptant déjà sur un regain superbe.

   Parmi la foule on voit le grand Truffert,
Tenant en main son grand harpon de fer ;
C'est un pêcheur d'une adresse admirable ;
Il va porter un coup inévitable
Au monstre affreux sitôt qu'il le verra,
Et de son sang tout l'étang rougira ;
Dans cet espoir fièrement il s'avance ;
La foule accourt, le suit ou le devance ;
Chacun voulant voir le coup de harpon ;
Mais l'eau bouillonne, une force l'agite,
Bientôt la mare est couleur de charbon,
Car vous saurez que l'animal fripon,
Par cette ruse a su cacher son gîte,
Aux spectateurs confus, pleins de dépit.
Mais Bachelet (1) jure sur son courage,
Que l'animal va payer cet outrage,
Sans qu'il lui laisse un moment de répit.
Après ces mots, il ôte sans remise,
Veste, gilet, pantalon et chemise ;
Voilà notre homme aussi nu que la main ;
C'est pour le coup que l'on va voir la bête !
Les curieux restés dans le chemin,
Pour leurs deux sous accourent voir la fête,
Et ce serait un pouvoir plus qu'humain,
Que d'empêcher les femmes d'être en tête ;
Ainsi l'on vit dans mille occasions,
Leur goût porté pour les émotions.

(1) Constant Bachelet, piqueur de chevaux et couvreur en ardoises.

En vrai héros, comptant sur sa vaillance,
Pour le combat s'avance Bachelet,
Dans sa main droite il tient un long stylet,
Avec ardeur dans la mare il s'élance ;
Il la parcourt en nageant tout d'abord,
Puis, au milieu, trouvant l'endroit propice,
D'un bond, il plonge au fond du précipice;
Les spectateurs, tous rapprochés du bord,
Craignant pour lui, condamnent son audace ;
S'il en revient, dit l'un, c'est un hasard,
L'autre répond, il est déjà trop tard ;
Quand, tout-à-coup, il monte à la surface,
Transi de froid, pâle d'émotion,
Et se hâtant de regagner la rive,
On lui demande aussitôt qu'il arrive :
De son émoi, quelle est l'occasion,
Mais on n'en peut tirer solution,
Il est sans voix et tout son corps grelotte,
Montrant à tous de grands yeux ébaubis,
Il faut qu'on l'aide à vêtir sa culotte
Et sa chemise et ses autres habits.
Pour réchauffer ses membres engourdis,
On l'a porté dans la maison du garde,
Devant grand feu, dans un fauteuil assis,
Les frictions, au camphre, à la moutarde,
Et par dedans, le flippe et le café,
Par leur vertu l'ont enfin réchauffé.

A peine a-t-il repris la connaissance,
Qu'on lui demande, avec grande insistance,
De s'expliquer sur ce qu'il a pu voir
D'épouvantable au fond de l'abreuvoir.

« A vos désirs, dit-il, je vais me rendre,
Prêtez l'oreille et vous allez entendre,

Au fond de l'eau ce qui m'est arrivé ;
Figurez-vous que je m'y suis trouvé
Sur un tas d'os, de corps en pourriture
Appartenant à divers animaux,
Les ossements aussi de deux chevaux,
Tenant encor aux bras d'une voiture,
De cet amas de corps et d'ossements,
J'ai vu sortir une effroyable bête,
Ayant au moins de la queue à la tête,
Trois longueurs d'homme, et tous ces mouvements
Faisaient flotter son énorme crinière ;
Elle est allée au fond de la carrière,
Dans un grand trou, creusé sous le rocher,
Et pour avoir voulu m'en approcher,
J'ai vu soudain que la bête étonnée,
S'est promptement contre moi retournée,
En me lançant un furieux regard.
Je m'avançais armé de mon poignard,
Mais se rentrant plus avant dans le gouffre,
Elle a lancé son haleine de souffre,
Dont j'éprouvais la suffocation.
Et l'animal redoublant d'action,
J'allais bientôt devenir sa victime,
Quand, d'un effort, m'élançant de l'abîme,
Je suis sur l'eau, tout-à-coup reparu,
Presque expirant quand on m'a secouru. »

Cette aventure à peine est racontée,
Qu'au bord du trou la foule s'est portée,
Tous veulent voir le monstrueux lézard,
Lorsque Samson, ce bon israélite,
Qui dans Cherbourg, tient un riche bazar,
Dit, tout-à-coup : Je vois qu'on facilite
L'évasion de l'affreux animal,
Quand pour le prendre on agit aussi mal,

Car, faute d'eau, s'il s'enfuit de la mare,
De tous côtés chacun va crier gare,
Et courir même au-devant des périls,
En répandant jusqu'au loin les alarmes,
Que n'a-t-on mis ici quelques gendarmes,
Ou des chasseurs avec de bons fusils ?
Tous les pompiers en détournant la tête,
S'entre-disaient : qu'elle est cette autre bête ?
Mais c'est un juif, peut-être cet azor,
Croit voir ici Nabuchodonosor.
Laissons le dire, et pompons sans relâche,
Et nos pompiers allant toujours grand train,
Ont découvert en poursuivant leur tâche,
Le ventre rond de deux cruches d'airain,
Qui par l'oxide ont une couleur verte ;
On discutait sur cette découverte,
Quand Jean Vastel se présente soudain,
C'est le fermier qui tient la Motterie,
Ces objets là sont de ma laiterie,
Dit-il, j'en vais, prouver le fait certain.

« Matin et soir, notre laitière Annette,
Allait porter son lait dans le faubourg,
D'humeur joyeuse en partant pour Cherbourg,
De son rotin elle pressait Jeannette,
Qui, sur son dos portait en cheminant,
Dans deux paniers, deux cruches fort pesantes,
En cuivre jaune et surtout bien luisantes :
Nonon trouvait le soir en revenant,
Un employé de l'octroi de la ville,
Qui l'abordait d'une façon civile,
Lui promettant toujours sur son honneur
De lui donner le secret du bonheur.
Pendant longtemps notre jeune novice
Ne voulut point accepter ce service,

Mais par malheur le diable s'en mêla,
Nonon bientôt devint moins obstinée,
Et la leçon lui fut enfin donnée,
Durant ce temps Jeannette s'en alla,
Et des malheurs datent de ce jour là.

Jeanne étant libre, eut le fatal caprice,
D'aller rôder au tour du précipice,
Et dans le fond la bête la halla,
Sans qu'on en eut la moindre connaissance,
Si l'on doutait des faits qu'ici j'avance,
Mes preuves sont les cruches que voilà,
Les deux paniers, le bât, la ventrière,
Et la carcasse au fond de la carrière,
Mais, poursuivons, j'en suis resté, je crois,
A ma laitière et son commis d'octroi.

Nonon revint dans la croyance ferme,
Que Jeanne était de retour à la ferme,
Et fort surprise en ne l'y trouvant pas,
Il lui fallut recourir à la ruse,
Pour établir bien ou mal une excuse,
Sans dire un mot de son petit faux pas.
Ce fut en vain que l'on chercha Jeannette
De tous côtés, on ne la trouva point
On s'aperçut cependant que Nanette,
De jour en jour prenait un embonpoint
Qui la forçait d'allonger sa ceinture,
La pauvre fille en cette extrémité,
Ne pouvant plus cacher son aventure,
Dit à la fin toute la vérité.
Le plus court fut de lui donner son compte,
Chez ses parents, allant cacher sa honte,
Elle accoucha bientôt d'un gros garçon,
Qui fut le fruit de sa belle leçon.

Ici Vastel termine son histoire
Qui de bon cœur fait rire l'auditoire,
Tous les pompiers d'un même accord soudain,
Lui remettant ses cruches à la main,
N'ont rien voulu pour droit de sauvetage,
Et celui-ci, sur ce trait généreux,
Voulant encor conserver l'avantage,
Dans la recette, a mis dix francs pour eux.

Ne prenez pas ceci pour une fable,
Mon cher lecteur, Vastel l'affirmera,
Les cruches sont encor dans son étable,
Pour vous convaincre, il vous les montrera.

Mais la nuit tombe et déjà sous ses voiles,
Par ci, par là, fait briller des étoiles,
Et les pompiers en sondant au cordeau,
Et supputant pour ce qui reste d'eau,
Qu'à l'épuiser il faudrait la nuitée,
Au lendemain l'affaire est reportée,
On y sera dès la pointe du jour ;
Les curieux en faisant demi-tour
S'en sont allés après cette nouvelle,
Et les pompiers, lâchant la manivelle
Qu'ils font agir depuis hier matin,
Vont du grand plat partager le butin,
Puis la plupart après cette corvée
Le gousset plein au café Letenneur,
De bon liquide ont pris une cuvée,
Voulant goûter un moment de bonheur.

Le temps qu'à table ils prolongent la veille
Chantant gaiement et vidant la bouteille,
Du lendemain comptant sur les profits
Qu'ils sauront bien dépenser tout-à-l'heure,

Que font le garde et sa femme et son fils ?
Près du foyer de leur humble demeure,
Seuls maintenant, eux qui durant deux jours,
De curieux ont vu si grand concours,
Qu'en leur logis chacun se rendait maître;
Ils ont saisi ce moment d'abandon,
Vite fermant leur porte et leur fenêtre,
Puis entourant leur petit guéridon
Devant un feu de bois sec qui pétille,
Ils ont mangé la soupe de famille,
S'entretenant du monstre redouté,
De sa laideur, de sa voracité,
Des accidents causés par sa malice,
Dont on fera demain bonne justice.

Mais, dit la femme, à quoi nous ont servi
Mon pain, ma viande et le cidre à Bosvy
Dont les pompiers ont fait tant de dépense,
Sans nous laisser un sou de récompense.
Ils sont partis, faisant des embarras,
De la recette ayant rempli leurs poches,
Toute la nuit, ils feront des bamboches
Et puis demain, ils seront sur nos bras.

Mais tais-toi donc, lui répondit le garde,
Faut-il qu'ainsi sans sujet l'on bavarde,
Pourquoi blâmer, n'a-t-on pas dit d'ailleurs,
Que la recette est pour les travailleurs ;
C'était leur droit d'en faire le partage,
J'aurai demain bien un autre avantage,
Au fond du trou, lorsqu'ils seront rendus,
Le magasin de tant d'objets perdus,
Qui sont sous l'eau, n'est pas une lubie,
C'est pour moi tout et le monstre amphybie

Qu'aussitôt pris je vais faire empailler,
Car certain plan me passe par la tête,
Il me sourit, je vais le travailler,
C'est qu'à montrer cette effroyable bête,
Je puis gagner de l'argent à foison,
Et pour toujours enrichir ma maison.
Mais, couchons-nous, voilà minuit qui sonne,
Le feu s'éteint et de froid je frissonne,
J'ai grand besoin de prendre du repos,
Nous reviendrons demain sur ce propos.

LA NUIT.

ORIGINE DE LA BÊTE.

Déjà la nuit s'avançait dans sa course,
Vers le couchant, se penchait Orion,
Laissant encor tout le septentrion
Resplendissant des feux de la grande Ourse.
Mais le Midi n'était point étoilé ;
Un gros nuage, après l'avoir voilé,
Enveloppant tout le ciel de son ombre,
Met l'horizon dans la nuit la plus sombre.
Le vent augmente en longs gémissements,
Entremêlés des cris de la chouette ;
Du colombier, la vieille girouette
Y mêle aussi ses rauques grincements.
A ce concert, le garde, qui sommeille,
Voit voltiger de nocturnes oiseaux,
Puis deux grands yeux qui brillent par merveille,
Un mufle énorme, ouvrant deux grands naseaux,

De longues dents, une gueule entr'ouverte,
De longs crins noirs, une tête couverte,
Deux gros sourcils d'un poil tout hérissé,
Un corps partout d'écailles cuirassé,
Les bras de même et les deux mains palmées,
Au lieu de doigts, sont de griffes armées.
Le bas du corps se termine en poisson.
A cet aspect, le garde a le frisson ;
Il veut pousser un grand cri de détresse,
Mais aussitôt, l'effroyable animal
Lui dit : « Mon fils, ne redoute aucun mal ;
Depuis longtemps, à toi je m'intéresse ;
Que, sous ces traits, mon apparition
Ne te produise aucune émotion,
Et ne prends pas mon étrange figure
Comme annonçant quelque mauvaise augure :
De mes péchés, c'est la punition ;
J'ai mérité d'en subir la sentence.
Je vais t'apprendre aujourd'hui des secrets
Où nous avons de communs intérêts,
Qui sont pour toi d'une haute importance ;
Tu peux m'en croire en toute confiance,
Car, du destin, je connais les décrets.

 Qui ne connaît le château de Réville,
Entre Barfleur, la mer et Montfarville,
Ayant, au sud, le bourg de Quettehou,
Et, vers le nord, les îles Tatihou ?
Ses murs d'enceinte, en forme circulaire,
Ses grands fossés pleins des eaux de la Saire,
Sur quoi s'étend un double pont-levis ;
Ses hauts donjons et ses tours crénelées,
Sa plate-forme et ses machicoulis,
Et les brandons de jaunes giroflées,

De son ciment, parant l'antiquité.
Là, mes aïeux, en toute liberté,
Laissant la gloire à qui voulait combattre,
Vivaient heureux par leur autorité ;
Courant les champs, à cheval, dans l'été,
Et, dans l'hiver, se chauffant devant l'âtre.
Là, je naquis, l'an quatorze cent quatre,
Précisément le premier jour de l'an ;
J'étais puîné de mon frère Jehan,
A qui mon père avait fait l'avantage
De l'établir le chef de la maison,
De lui donner titres, fiefs et blason ;
Moi, je fus moine et tondu pour partage,
Dans un couvent, tenu comme en prison.
Il eût été plus dans mon caractère
De célébrer l'amour et le bon vin
Que d'assister au service divin,
Et de prier au fond d'un monastère.

Dès que je sus le chemin du caveau,
J'y fus souvent m'y troubler le cerveau,
Puis je chantais une chanson à boire,
Notre prieur en fut scandalisé,
Un jour devant un nombreux auditoire,
Après m'avoir longtemps moralisé,
Il prononça gravement la sentence
Que quinze jours, j'aurais pour pénitence,
D'être au pain sec et de l'eau pour boisson.
Moi le narguant, j'entonnai ma chanson,
Où de Bacchus je vantais les merveilles,
Et d'une voix à briser les oreilles.

Le père abbé ne se connaissant plus,
En se signant et criant au scandale,

D'autorité commande à ses reclus,
De me sortir promptement de la salle,
Et sur-le-champ m'enfermer au cachot ;
Tous, contre moi, s'avancent comme un flot,
De quatre pas devant eux je recule,
En retroussant mes deux gros bras d'hercule,
Puis au combat m'élançant aussitôt,
A coups de poing j'étourdis sur la place
Pacôme, Arsène, Hilarion, Pancrace,
Et passant outre, en saisissant un banc,
Le Père abbé tombe sur frère Ignace,
D'un coup d'estoc qu'il reçoit dans le flanc.
Frappant toujours en faisant volte-face,
Aucun n'échappe à mes terribles coups,
L'un assommé, tombe sur ses genoux,
Un autre auprès a l'oreille emportée,
De celui-là l'épaule est déboîtée ;
La peur les fait hurler comme des loups,
Et les laissant dans leurs frocs se débattre,
Ne voyant plus d'ennemis à combattre,
D'un tour de clef, je les enferme tous,
Et je reprends le chemin de Réville.
De me revoir mon frère est fort surpris,
Et plus encor sitôt qu'il eut appris,
Dans le couvent ma conduite indocile,
A quoi craignant quelque mauvais retour,
Et pour sauver l'honneur de la famille,
Il me logea dans sa plus haute tour,
Pour n'en sortir jamais durant le jour,
Ce qui gênait un peu mes habitudes.
Là se trouvaient tous mes livres d'études,
Et des rouleaux d'antiques manuscrits,
Qui, des savants, contenaient les écrits
Sur les secrets des occultes sciences,
En quoi j'acquis de vastes connaissances.

Poussant à bout leurs mystiques travaux,
Bientôt je fus un profond cabaliste,
Devin, sorcier, astrologue, alchimiste,
Évocateur des esprits infernaux.

Grâce à mon art je pouvais sans obstacle,
A volonté quitter mon habitacle.
Toutes les nuits j'essayais mon pouvoir
Dans les hameaux où je me faisais voir,
Toujours prenant une forme effrayante ;
Les villageois, tous saisis d'épouvante,
De leur logis n'osaient sortir le soir,
Minuit sonné, je rentrais au manoir.

J'avais reçu pour dons de la nature,
Un beau visage, une haute stature,
Des traits empreints d'une noble fierté,
Pétri d'orgueil et de duplicité;
Nos villageois souffraient de mes caprices.
A mes égaux je déguisais mes vices,
Sous le manteau d'une humble austérité.
Actif, adroit dans le patelinage,
Je sus si bien jouer mon personnage,
Qu'enfin mon frère en fut circonvenu,
De mes erreurs me croyant revenu.
Dès ce moment, j'obtins sa confiance,
Et de ses biens j'eus-même l'intendance,
Je fus bientôt en réputation,
Par mon savoir, mon érudition.

De dame Aurèle, épouse de mon frère,
La jeune sœur, la noble Bérangère,
Passait souvent quelques jours au château :
Jamais encore un objet aussi beau,

De ses attraits n'avait charmé mon âme,
Dans ses beaux yeux allumant son flambeau
L'amour me fit sentir sa douce flamme,
Dès lors en moi, les vœux du célibat,
Avec mes sens livraient un dur combat,
Mais ces derniers remportaient la victoire
Quand ils disaient : Jamais le Créateur
N'a commandé, pour célébrer sa gloire,
Qu'on s'éloignât de l'objet enchanteur
Dont la beauté couronne son ouvrage.
Ce serait faire au chef-d'œuvre un outrage,
Et condamner les desseins de l'auteur.
Le célibat est donc contre nature
Qui dès ici nous met à la torture,
En attendant que dans l'éternité,
Nous regrettions notre stérilité.

En m'étayant sur la loi naturelle,
Je me flattais que mes tendres discours
Allaient pour moi gagner la sœur d'Aurèle,
Et lui feraient partager mes amours ;
Ce beau projet ne dura que huit jours,
Car sir Arthur, le baron d'Anneville,
Qui de mon frère était l'un des amis,
Eut l'agrément de toute la famille,
Pour un hymen depuis longtemps promis,
Qui lui donnait la main de Bérangère.
Je dus alors concentrer ma colère,
Jusqu'au moment de pouvoir me venger,
En attendant de tomber sur ma proie,
Je fis d'abord semblant de partager
Des deux amants le bonheur et la joie,
Arrive enfin le jour tant désiré
Où cet hymen doit être célébré.

Tout Anneville est en pleine allégresse ;
Les villageois suspendent leurs travaux,
Voulant fêter leur nouvelle maîtresse,
Et, du pays, la fleur de la noblesse,
Vient d'arriver sur de brillants chevaux,
Qui fait escorte à la belle épousée.
Pour le festin la salle est disposée,
Sur le parquet sont de riches tapis,
Des écussons décorent les lambris,
Qui, des époux, portent les armoiries
Accompagnés de nobles panoplies,
Le cristal brille aux lustres du plafond ;
La salle est longue et se termine au fond
Par une estrade, en forme de bergère ;
Qu'un baldaquin couronne avec grandeur,
Où vient trôner l'heureuse Bérangère ;
A ses côtés sont les femmes d'honneur.
La table au centre occupe un grand espace,
Entre deux rangs de buissons d'arbres verts,
On est surpris du luxe des couverts,
Les conviés ont déjà pris leur place
Et ces barons, ces comtes, ces marquis,
Ayant chacun une noble compagne,
Ont fait honneur aux mets les plus exquis,
Au Chambertin, au Bourgogne, au Champagne,
Et dégusté les vins choisis d'Espagne,
Qu'à leurs désirs servent les échansons ;
Cette liqueur gaiement les électrise,
Et met en train les bons mots, les chansons ;
Puis chacun voit son voisin qui se grise ;
Quand vient la nuit la clarté des flambeaux
Augmente encor le trouble des cerveaux.

 Sur le minuit, il était lors d'usage,
Avant d'aller mettre au lit les époux,

Pour mériter le gain d'un pucelage,
Que le mari se mît à deux genoux,
Et qu'il vidât à la santé de tous,
Un grand hanap contenant un breuvage
Fait de liqueur, de vin, de cidre, d'eau
De sel, de poivre, et de jus de poireau ;
En même temps toute la galerie,
Et l'épousée et ses filles d'honneur,
L'encourageant à ce trait d'énergie,
Devaient trinquer à son futur bonheur.

On eut bientôt composé ce tonique ;
J'y fis entrer certain soporifique,
Dont je savais quel était le pouvoir.
L'époux à peine eut bu ce panacée,
Que sa vigueur devint toute glacée,
Et hors d'état de remplir son devoir.
Cachant à tous sa honteuse détresse,
Il fait savoir que selon sa promesse,
Il doit garder trois nuits le célibat,
En s'abstenant de prendre aucun ébat.
Et que cédant au sommeil qui l'accable
Il prend congé des amis, de la table
En prétendant, au moins pour cette nuit,
Occuper seul et sa chambre et son lit.
Il sort ainsi, laissant un peu troublée,
La jeune épouse et toute l'assemblée ;
Ceux-ci piqués du désappointement
S'en sont vengés en buvant à plein verre,
Poussant des chants avec un tel braiment
Qu'on n'aurait pas entendu le tonnerre.
Mais, par mon art, un engourdissement
Les fait soudain tomber en somnolence
Et, sur la table, appuyés lourdement,
Tout est rentré dans un morne silence,

Car le sommeil en gagnant les époux,
Avait aussi gagné les nobles dames.
Et Bérangère, en les imitant tous,
S'est fait conduire à son lit par ses femmes,
Moi, me chargeant de charmer ses ennuis,
Durant trois jours et tout autant de nuits
Que les dormeurs par un charme magique
Eprouveront un sommeil léthargique,
Pour la tromper, prenant de son Arthur,
La ressemblance et l'amoureux langage,
Je l'entretiens sur son bonheur futur,
Dont je lui donne à chaque instant le gage,
Je la conduis par des rêves flatteurs,
Dans des jardins, sous des berceaux de fleurs,
Dans des bosquets au plus épais feuillage,
Là, se croyant aux bras de son époux,
Elle se livre aux transports les plus doux,

De mes projets la mesure est comblée,
Le charme cesse et toute l'assemblée,
En s'éveillant reprend son mouvement ;
Mais qui pourrait peindre l'étonnement
Où sur son lit se trouve Bérangère.
De se revoir dans son appartement,
Quand tout-à-l'heure, à l'île de Cythère,
Sous les berceaux, au gré de ses désirs,
Elle épuisait la coupe des plaisirs,
Cette aventure est pour elle un mystère,
Qui tient du songe et de la vérité.
Elle sait bien dans la réalité,
Qu'elle n'est point à ces faits étrangère.
Mais son époux pourquoi s'être esquivé,
Il faut aussi savoir s'il a rêvé ;
Le lendemain la belle curieuse,
A son Arthur, se montre sourieuse,

Lui rappelant toutes leurs voluptés,
Durant leur songe aux bosquets enchantés,
Et demandant s'il en a souvenance.
Arthur surpris de cette confidence
Sans dire un mot prend un air soucieux,
En admettant dans son humeur jalouse
Qu'il est certain que quelque audacieux,
Dans le sommeil a trompé son épouse,
La rage au cœur, la honte sur le front,
Ne pouvant plus contenir sa colère,
Pour commencer à punir cet affront
A l'instant même il veut que Bérangère
Soit pour neuf mois enfermée à la tour.
D'un beau garçon, à ce terme étant mère,
Elle mourut en lui donnant le jour,
Et son beau corps n'eut d'autre sépulture
Que le limon des drouves du château,
Et recouvert d'une poutre sous l'eau (1).
D'un médecin j'avais pris la figure
Pour procéder à cet accouchement,
Et de l'enfant je fis l'enlèvement ;
Le préservant d'une mort ordonnée.
Prenant dès lors soin de sa destinée
A Gatteville, en nourrice il fut mis,
Chez un fermier de l'un de mes amis,
Mais qui voulut être payé d'avance.
Je m'acquittai de cette redevance,

(1) Une chronique encore en vogue dans le pays, dit que dans un temps déjà éloigné, en curant une grande et profonde mare, qui est auprès du jardin du château d'Anneville, on trouva au fond une pièce de bois de chêne et dessous des ossements humains, qu'on disait *être les restes* d'une dame d'Anneville que le seigneur son mari, dans sa jalousie, avait fait mourir et fait jeter le corps en ce lieu.

En lui versant pour trois ans cent écus ;
Huit jours avant je les avais reçus
D'un sieur Tesson, débiteur de mon frère,
Et que j'avais gardés à mon escient.
Six mois après, mon frère impatient,
A s'acquitter mande le pauvre hère,
En lui disant, d'une voix de tonnerre
« Paie, ou sinon j'ai bon chanvre au grenier,
Et ta potence est le grand maronnier »

Mon bon seigneur, calmez-vous je vous prie,
Répond Tesson, tout pâle de frayeur,
Je fais serment, par la vierge Marie,
Et par son fils, notre divin Sauveur,
Que j'ai payé le prix de mon fermage,
Entre les mains de votre procureur,
Il peut, s'il veut, en donner témoignage.
Je m'esquivais, mon frère m'arrêtant
Me dit, il faut que je sache à l'instant
Si de ce fait, tu gardes souvenance,
Ou si Tesson trompe ma confiance.
Moi, je réponds, d'un ton de dignité :
« Depuis quel temps, le seigneur de Réville,
Eut-il un frère en honte à sa famille,
Qui sut jamais cacher la vérité,
Je n'ai reçu, comptez sur ma parole,
De ce manant, pas une seule obole,
Et vous devez, pour son impunité,
Le faire pendre; il l'a bien mérité.»
Soudain, Tesson, que la fureur transporte,
Me dit : Voyons, puisque tu ne mens point,
Jures en donc que le diable t'emporte.
Moi, ne pouvant reculer sur ce point,
J'ai prononcé d'une voix claire et forte;

Oui ! qu'à l'instant Satan ou Lucifer,
Si j'ai menti, m'emporte dans l'Enfer.

 Ces mots à peine étaient hors de ma bouche
Qu'un bruit soudain remplit tout le manoir
Et devant moi se dresse un monstre noir,
Au front cornu, nez camard, regard louche,
Corps décharné, montrant des nerfs tendus,
Griffes aux mains, jambes et bras tordus,
Faisant mouvoir ses deux énormes ailes
De souris chauve, au dessus des aisselles.
Le glas de mort sonne dans le beffroi,
Les assistants poussent des cris d'effroi;
Ne pouvant fuir, je tombe sur la face,
Satan m'enlève aux yeux des spectateurs,
Et me transporte un moment dans l'espace;
Je suis en proie aux plus vives terreurs,
Sur l'avenir qui pour moi se prépare.
La nuit est sombre, en vain mon œil s'égare
A discerner mille objets confondus.
Nous demeurons comme au ciel suspendus,
Ayant sous nous l'étang de Gattemare.
Alors Satan me dit en ricanant :
Tu m'appartiens âme et corps maintenant,
Tu dois encor demeurer sur la terre,
Tant que Réville aura pierre sur pierre,
Et te livrer à tes instincts du mal,
Changeant parfois de forme d'animal,
La nuit lutin et le jour amphybie;
Mais quand le temps, par son pouvoir fatal,
Aura détruit ce manoir féodal,
Alors mourant d'accès d'hydrophobie,
Tu descendras au séjour infernal.

Il dit, s'envole après cette sentence,
Me laissant choir, ainsi qu'un lourd fardeau,
De tout mon poids je plonge au fond de l'eau,
Là j'ai trouvé ma nouvelle existence
Avec la forme, où mon fils, tu me vois,
Ne conservant rien d'humain que la voix.
Dénaturé depuis cette aventure,
J'étais, les nuits, possédé du démon,
Me dégageant de dessous le limon.
Je reprenais ma première figure,
Je me tenais du soir jusqu'au matin,
Dans les marais, les gués, les fondrières,
Poussant des cris, lamentant des prières,
Et les passants, que leur mauvais destin,
Faisait venir sur mes cris de détresse,
N'échappaient point à ma ruse traîtresse.
Le lendemain on les trouvait noyés.
Tous les matins c'était la même affaire,
De ces malheurs, tous les gens effrayés,
Ne parlaient plus que du Moine-de-Saire,
J'étais l'effroi des grands et des petits,
Je me cachais le jour dans mon repaire,
De poisson cru servant mes appétits,
J'avais déjà trois siècles d'existence.
Dans les horreurs de cette pénitence,
Quand des Français les innovations,
Et le flambeau de la philosophie,
Vinrent chasser du sol de la patrie,
Le droit divin, les superstitions,
Les possédés, les dépossessions,
Et relégué dans le pays des fables
Les revenants, les goules, les lutins,
Les enchanteurs, magiciens, devins,
Les loups-garous, les démons et les diables.

Satan, compris dans le bannissement,
Un beau matin, disparut promptement,
Et me laissant bête contre nature,
Sans qu'il daignât alléger ma torture.
Il me fallut, pour surcroit de malheur,
Me défier des filets des pêcheurs,
Dont je pouvais devenir le capture ;
Enfin survint un bien plus grand danger,
C'est quand je vis entreprendre l'ouvrage
De convertir mon étang en herbage ;
Je crus prudent pour moi d'en déloger ;
Je vins ici chercher un sûr asile,
Et je croyais que j'y vivrais tranquille,
Je me trompais ; je vois, non sans émoi,
Qu'un monde entier s'acharne contre moi,
Et, qui plus est, il faut que je le dise,
C'est toi, mon fils, qui mène l'entreprise :
Car je suis l'un de tes premiers aïeux ;
Je n'étais pas sous ces traits odieux,
Lorsque mourut la noble Bérangère,
En accouchant d'un fils dont j'étais père ;
Il a vécu dans la prospérité,
Il florissait au hameau d'Imbranville,
Par ses grands biens et sa capacité ;
De siècle en siècle, on a vu sa famille,
De ses rameaux, peupler tout Gatteville,
Et s'y conduire avec urbanité.
Toi, qui maintient cette postérité,
Tu donneras encore un nouveau lustre,
Par tes hauts faits, à cette race illustre ;
Et, dans ce but, j'ai déjà travaillé :
Car ce fus moi qui fis, dans la rivière,
Avec dessein, tomber la lessivière
Que tu sauvas, dont tu fus médaillé ;

Et si ton fils, par un pouvoir magique,
Le jet fourchu du coudrier en main,
Sait découvrir le cours d'eau souterrain,
Où retrouver la pièce métallique,
Il tient de moi ce savoir surhumain,
Mais ce n'est là qu'un bien faible avantage,
Auprès des biens qui seront son partage,
Et si je l'ai rendu maître en cet art,
C'est que je veux qu'il découvre plus tard
Tous les trésors qui sont cachés en terre,
Depuis le temps où, dans le Cotentin,
L'Anglais, toujours avide de butin,
Venait porter les horreurs de la guerre.
Et ces trésors ont assez de valeur
Pour acheter tout Saint-Vaast et Barfleur,
Mais pour avoir une telle richesse
Il doit me faire, avant tout, la promesse
Qu'il n'aura point de satisfaction
Qu'il n'ait acquis le château de Réville,
Et n'en ait fait la démolition,
Ou qu'il en fît un devoir de famille,
S'il ne pouvait lui-même y parvenir.
Je serais sûr par là de revenir
Un jour ou l'autre à la nature humaine
Et de revoir encor ce beau domaine,

Auriez-vous mis, dit le garde, en oubli,
Que le manoir aussitôt démoli
Vous tomberez dans l'infernal empire ?
A mon avis, il vaudrait beaucoup mieux
Rester ici, sous ces traits odieux
Que de risquer d'être ailleurs encore pire.

Oui, dit le monstre, autrefois Lucifer
Menait fort mal les damnés en enfer.
Mais le progrès a tout changé de mode
Et dès ici l'affaire s'accomode :
D'ailleurs j'ai lu, je ne sais pas bien où,
Qu'on ne pend pas l'homme la bourse au cou.
Va me chercher ton fils que je l'instruise
Sur les secrets de la grande entreprise,
Je suis venu pour cela cette nuit.

Il dit, soudain, on entend un grand bruit,
C'est un combat engagé dans la rue,
Comme un éclair la bête est disparue.
Le garde croit qu'il voit encor ses yeux,
Mais s'éveillant il connaît sa méprise,
Et ne peut plus garder son sérieux
Quand sur son lit il voit sa chatte grise
Qui le regarde, assise gravement,
Sans se douter de son étonnement.

LE LENDEMAIN.

La nuit avait quitté notre hémisphère
En nous laissant une épaisse atmosphère,
L'humide auster régnait sur l'horizon,
Et promettait de la pluie à foison ;
Maint ouvrier, déjà pressé par l'heure,
Pour le travail a quitté sa demeure.
Lise, à la ville, allant porter son lait,
Au petit trot fait marcher son mulet ;
Les maraîchers descendent des campagnes,
Et l'on entend, déjà dans les montagnes,
L'écho qui rend tous les coups des battoirs,
Et les caquets qui sortent des lavoirs.

   En cet instant l'un des pompiers s'éveille
Tenant encor, par le cou sa bouteille ;
Frottant ses yeux, il voit ses compagnons
Tous endormis, la tête sur la table,
Cuvant le vin des côteaux Bourguignons.
Quoi, leur dit-il, le sommeil vous accable !
Oubliez-vous ainsi votre vigueur ?
Allons, debout, il faut montrer du cœur,
Pour remporter cette grande victoire,
Qui doit passer à la postérité

Et nous couvrir d'une éternelle gloire,
En terrassant ce monstre redouté,
Qui nuit et jour tient un peuple en souffrance,
Dont nous avons promis la délivrance.
Il est grand jour, le monstre nous attend,
Marchons à lui, notre honneur en dépend.

Tous nos pompiers, amolis par l'orgie,
Ont à ces mots, repris leur énergie ;
Pour la victoire, on peut compter sur eux,
Il vont donner des preuves de courage ;
L'hôte voyant cet élan belliqueux
S'est dépêché de leur barrer passage,
En exigeant quinze francs pour l'écot,
Mais, disent-ils, nous sommes sans ressource,
Vous avez eu le fond de notre bourse,
Sur la recette on vous paiera tantôt.
Non, non, dit l'hôte et je défends qu'on sorte
Avant qu'on ait payé les quinze francs,
Ah ! vous croyez, effrontés digérants,
Que vous allez me leurrer de la sorte,
Payez, sinon, vous resterez ici !
Quoi ! disent-ils, vous nous traitez ainsi ?
Nous qui bravons, par excès de courage,
D'un monstre affreux, la fureur et la rage ;
Dans les dangers qui passons notre temps
Pour le repos de tous les habitants,
Lorsqu'on devrait, pour prix de nos services,
Faire pour nous les plus grands sacrifices.
On nous insulte et l'on n'accepte pas,
Notre crédit pour un méchant repas.
Allons gagner de quoi payer la dette.
L'hôte étant là toujours comme en vedette,
Voit leur dessein, il se met à travers,
Mais déplanté par un coup de revers

Il va tomber de son long dans la rue,
A son secours sa femme est accourue,
Elle saisit un pompier aux cheveux ;
Mais celui-ci, par un coup vigoureux,
Sur son mari, la jette à la renverse,
Durant ce temps, l'eau tombe par averse,
Et les pompiers, aussi prompts que l'éclair,
Pour mettre fin à tout ce tintamare,
A travers champs se sont donné de l'air,
Se dirigeant du côté de la mare,
Laissant crier l'hôtesse et son mari,
Lui, furieux d'avoir le nez meurtri,
D'émotion, elle toute effarée,
Pleurant sa robe à moitié déchirée,
Et tous les deux, maugréant en secret,
De s'être mis à tenir cabaret.

   Nos francs buveurs, après cette escapade,
Sont arrivés le cerveau bien malade,
Jusqu'à la pompe ou déjà leurs amis,
De grand matin, au travail s'étaient mis ;
Le Bordelais, assis sur sa sellette,
Se tenait là, tout prêt pour la recette,
Quand, tout-à-coup, le bacchus du faubourg,
Un tonnelier (1) connu de tout Cherbourg,
Pour sa valeur, sa force et son courage,
Homme à tout faire, et prompt à son ouvrage,
Lui dit ces mots : « Lève-toi mon garçon,
C'est à mon tour d'occuper cette place. »
Et de quel droit, lui répond le gascon,
Me parlez-vous avec autant d'audace ;
Allez-vous en, je ne vous connais pas. »
Le tonnelier, l'empoignant par la veste

(1) Allemandet Joseph.

Lui dit : « gascon, tu vas sauter le pas. »
Mais les pompiers, voyant cet altercas,
A son secours sont venus d'un pas leste,
Et s'adressant à notre fort-à-bras,
Pourquoi viens-tu faire tes embarras
Et maltraiter notre homme de service,
Que t'a-t-il fait pour en agir ainsi ?
« Ce qu'il m'a fait, vous l'avez fait aussi,
Et je puis bien crier à l'injustice ;
Autant que vous j'ai travaillé dans l'eau,
A manœuvrer la pompe et son tuyau ;
Autant que vous, j'avais droit au partage
De tout l'argent reçu durant l'ouvrage,
Mais vous avez lâchement profité
De ce qu'au soir je m'étais absenté.
Et tous, sans moi, sur le vin, la volaille,
Chez Letenneur, vous avez fait ripaille,
Mangeant ma part et buvant à crédit.
Tenez pour vrai qu'il ne sera pas dit
Qu'on m'aura fait deux fois la même affaire,
Car, aujourd'hui je recevrai l'argent. »
Mais toi qui vient faire ici le régent,
Dit Leflamand, vas-tu bientôt te taire,
Ou t'en aller plus loin déblatérer ?
Il te sied bien de venir pérorer,
En critiquant ainsi notre conduite,
Depuis longtemps ton babil me déplaît ;
Touches-y donc, au plat du bordelais,
Et tu verras quelle en sera la suite.

Sur ce défi, le plat est enlevé
Et le pompier, dont le bras est levé,
Au tonnelier, porte un coup sur la face,
Pour lui payer sur-le-champ son audace.

Mais celui-ci, bondissant furieux,
Et s'élançant ainsi qu'une panthère
Sur le pompier, il le renverse à terre ;
A coups de poing il lui bouchait les yeux.
Lorsque le garde, encor plein de son rêve,
Entend ce bruit, promptement il se lève,
Prend son habit, coiffe son grand chapeau,
Ceint son épée et met ses gants de peau.
Et, maintenant, équipé de la sorte,
Fort de sa charge, il court ouvrir sa porte ;
Il voit dehors un combat acharné :
C'est, des pompiers, la brutale cohorte ;
Au milieu d'eux, le tonnelier cerné,
Qui se défend comme un déterminé.
Voilà, soudain, le garde et ses insignes.
Il fait cesser, par ces mots, le combat :
« Quoi ! vingt contre un, c'est un assassinat !
Du nom français, vous êtes tous indignes ;
Sortez d'ici, je ne veux plus vous voir,
Et je défends qu'on vide l'abreuvoir,
Pour des raisons que je ne dois pas dire. »
De ce travail, par vous même invités,
Ont répondu les pompiers exaltés,
Vous voudriez ainsi nous éconduire,
Et nous jouer ce tour mal avisé,
Quand l'abreuvoir est bientôt épuisé,
Et qu'aujourd'hui nous aurions pris la bête.
Mais vous voyez qu'il a perdu la tête,
Dit une voix ; bah ! ne l'écoutons pas ;
Allons pomper, nous le mettrons au pas,
Si, par malheur, il y met quelque entrave.

Quoi ! dit le garde, on m'insulte, on me brave,
On fait mépris de mon autorité,
Et tout cela, sur ma propriété !

Si l'on prétend m'effrayer, on se trompe.
Disant ces mots, il court saisir sa pompe.
Tous les pompiers, se voyant entravés,
Sont, comme un flot, sur la pompe arrivés,
Et c'est à qui prendra les manivelles,
Que tient le garde et ne veut pas lâcher.
La résistance échauffe les cervelles,
Mais c'est en vain qu'on veut l'en arracher ;
Autant vaudrait mille fois l'écorcher ;
L'acharnement se mêle de la lutte,
La pompe fait tant de fois la culbute,
Sous les efforts de ces rudes assauts,
Qu'elle se brise et tombe par morceaux.

 Cet accident, tout en calmant la crise,
De nos pompiers arrête l'entreprise ;
Les voilà tous à s'entre-regarder,
Et l'un et l'autre à s'entre-demander
De ce malheur, quel sera le remède ?
Pour le plus court, dit l'un, suivant le cas,
Il faut aller, sur le quai, chez Lucas,
Lui demander une vis d'Archymède,
Et vous verrez qu'avec cet instrument
Nous viderons la mare promptement.

 Oui, dit le garde, abominable clique,
Apportez-la, votre vis hydraulique,
Et vous verrez ce qu'il en adviendra,
Voilà par vous la pompe démolie,
Je veux la voir aujourd'hui rétablie,
Et pour les frais nous verrons qui paiera,
J'aurai pour moi l'appui de la justice.
En ce moment un agent de police,
Et le Teneur qui de près suit ses pas,
Sont arrivés sur le lieu des débats.

Fort étonnés de voir cette présence,
Qui leur semblait pour eux un correctif,
Tous les pompiers rentrent dans le silence,
L'appariteur d'un air rébarbatif
Les a sommés de se placer en ligne,
Et le Tenneur de l'index lui désigne,
Les délinquants qui l'ont battu tantôt,
Et sont partis sans payer leur écot,
Aussi depuis il ne perd pas leur piste.
Déjà l'agent a mis leurs noms en liste,
Puis leur parlant d'un ton d'autorité,
Quoi ! leur dit-il, gens sans moralité,
Chez un traiteur vous vous mettez à table,
Vous commandez, on sert vos appetits,
Le pain, le vin et les poulets rôtis,
Rien n'est pour vous, trop cher, trop confortable,
Et, quand il faut régler vous complotez,
De vous enfuir sans payer la dépense,
Le traiteur vient vous en faire défense,
Et lâchement chez lui vous le battez,
Vous déchirez la robe de sa femme,
Mais attendez, votre conduite infâme,
Ne peut manquer de recevoir son prix,
Et vous, dit-il, en s'adressant au garde,
Vous m'étonnez et je suis fort surpris,
(Sans cependant que cela me regarde)
Que bonnement vous ayez entrepris,
De faire voir pour deux sous une bête,
Qui, dites-vous, a des crins sur la tête,
Et qui séjourne au fond d'un abreuvoir,
Notre patron bien éloigné d'en rire,
A sur ce point quelque chose à vous dire,
Je viens exprès vous le faire savoir.
A son bureau vous vous rendrez ce soir.»

L'agent se tait à sa verte semonce;
Aucun encor ne faisait de réponse
Quand d'un nuage un éclair part soudain
Il est suivi d'un grand coup de tonnerre
Son bruit roulant se perd dans le lointain,
Un autre coup semble ébranler la terre;
Les assistants sont frappés de terreur,
La bête même est atteinte de peur
Car de l'étang l'eau s'agite et se trouble.
Du même ton le tonnerre redouble,
Le ciel s'en mêle et de son réservoir
Verse de l'eau comme au temps du Déluge.
Chacun se sauve en cherchant un refuge,
La bête rit, voyant son abreuvoir
Se remplissant tellement par l'averse
Que le trop plein sur le chemin deverse,
De voir ainsi ses mortels ennemis
En se sauvant courir d'un pas alerte
Depuis trois jours eux qui s'étaient promis
De travailler de concert à sa perte
La convoitant comme un riche butin.
Mais c'est en vain, rien ne la déconcerte
Car elle sait que l'arrêt du destin
N'a point fixé la fin de sa carrière,
Tant que Réville aura pierre sur pierre,
Et qu'on ne peut démolir ce manoir
Sans qu'elle seule en donne le pouvoir.
Ce résultat n'a rien qui vous contente,
Gens curieux, vous étiez dans l'attente
Que vous verriez le géant des lézards.
N'y comptez plus, il a changé de forme
Et bien loin d'être un amphybie énorme
C'est maintenant le plus beau des *canards*.

ÉPITRE A NAPOLÉON III [1].

Salut, noble Empereur, digne fils de la France,
Qui du plus grand danger vous doit sa délivrance,
Si, durant les beaux jours du grand Napoléon
Sa gloire, en lettres d'or, brillait au Panthéon,
Qu'elle vit obscurcir par des revers funestes,
Qui mieux que vous eût pu, réunissant ses restes,
Et saisissant à point les rênes de l'Etat,
En aussi peu de temps lui rendre son éclat ?

Votre gouvernement, basé sur la justice,
Ferme avec équité, prudent sans artifice,
Ne s'écartant jamais de ce qu'il a promis,
Est la leçon des rois, qui tous sont vos amis.

Quand une juste guerre aux champs de la Crimée,
Eut, une fois de plus, prouvé que notre armée,
Pouvait encor fixer le destin des combats,
Et du monde passer pour les premiers soldats ;
Content de cette gloire, au dehors bien comprise,
Vous fîtes du dedans une vaste entreprise,
Perfectionnant tout avec sagacité,
Et faisant du progrès une nécessité.

Tandis qu'au pied du trône ayant posé sa lance,
Minerve, auprès de vous, tient en main sa balance,

---

[1] Cette pièce de vers fut adressée à S. M. Napoléon III, lors de son voyage à Cherbourg ; il donna l'ordre d'y répondre par la lettre ci-après.

Par vos ordres, pesant les droits des nations
Qui soumettent leur cause à vos décisions ;
D'asiles bienfaisants vous dotez la patrie,
Vous ouvrez des palais aux arts, à l'industrie,
Le savoir est porté jusque dans les hameaux,
Des temps calamiteux vous réparez les maux ;
Le Louvre est achevé, tâche de vingt monarques,
Paris d'un meilleur goût offre partout des marques ;
C'est Biarritz bâti, Plombières restauré,
C'est le bois de Boulogne embelli par Varé,
Qui, prodiguant sur lui son art presque magique,
Lui donne sous vos yeux un ensemble féerique.

Notre ville, à son tour, attire vos regards,
Cherbourg, d'un sort brillant si digne à tous égards,
Va voir bientôt, par vous, briller ses destinées ;
Déjà son grand bassin, que dans vingt-cinq années,
Avant d'être à son terme, on eût encor miné,
Cinq ans vous ont suffi, le voilà terminé.
Dans son encadrement quelle immense étendue !
Quelle perfection s'y trouve répandue !
L'art a su dans le roc creuser sa profondeur,
De ses quais de granit élever la grandeur,
Prolonger dans ses flancs sept docks de carénage,
Enfin le quai de l'Ouest reçoit en apanage
Pour la construction, sept superbes chantiers
Occupant aux vaisseaux calfats et charpentiers ;
Un est déjà construit, c'est *la Ville-de-Nantes*,
Au port majestueux, aux formes élégantes,
C'est lui, qui le premier, dans ce bassin géant,
Va livrer sa carène aux flots de l'Océan.

Tel est ce complément de l'ensemble admirable,
Qui fera de Cherbourg un port incomparable,
Dans l'endroit où jadis Vauban l'avait tracé,
Mais aujourd'hui son plan est cent fois dépassé.

Sire, une autre merveille excite notre extase,
C'est ce chemin de fer, dont Paris est la base ;
Artère de progrès qui va mettre en rapport
La France et l'étranger au sein de notre port ;
O quelle extension, va prendre notre ville !
Cherbourg à tes dépens, plaine de Tourlaville,
Envahira bientôt tes jardins, tes vergers,
Creusera des bassins où sont tes potagers,
Bâtira des chantiers où l'ouvrier s'exerce,
Les métiers et les arts destinés au commerce,
En quartiers populeux transformeront tes champs,
Où partout brilleront les bazars des marchands.

Et vous, lieux enchantés où la Divette coule,
Paisible Quincampoix, charmant vallon du Roule,
Aux ombrages touffus, aux sites variés,
Par l'artiste, au crayon si souvent copiés,
Et qui prêtent si bien aux douces rêveries ;
Tous vos moulins à blé, vos lavoirs, vos prairies,
Appartiendront bientôt aux grands spéculateurs,
Qui les sacrifieront aux nouveaux inventeurs ;
Ce ne seront partout que moteurs hydrauliques,
Moulins d'un nouveau genre, usines et fabriques,
Un peuple d'ouvriers occupé nuit et jour ;
La fortune chez vous fixera son séjour,
Elle y fera régner le bonheur et l'aisance,
Changera vos hailliers en jardins de plaisance,
Dans un goût magnifique ornera vos côteaux
De kiosques, de chalets, sur d'élégants plateaux.

Cherbourg avec bonheur, a dit dans son histoire,
Que naguère il a vu le fils de la victoire,
Napoléon Ier, l'orgueil de ses sujets,
Décréter des travaux pour ses vastes projets ;
Trois jours nous l'avons vu, je m'en souviens encore,
Dominer les hauteurs au lever de l'aurore,

Nous tracer pour abri des redoutes, des forts,
Contre qui l'assaillant eût fait de vains efforts ;
Puis montant en esquif et traversant la rade,
A travers les vaisseaux alignés en parade,
A visiter la Digue et ses points d'armement,
Dans son coup d'œil rapide il n'était qu'un moment ;
A peine à son retour touchait-il le rivage,
Que cent mille vivats saluaient son passage,
Et toujours les canons tonnaient de toutes parts,
Sur les forts, les vaisseaux, la Digue et les remparts.

Entouré des savants qui formaient son cortège,
Dans les jours de combats, dans les travaux d'un siège,
Là sur un sol rustique et si pauvre avant lui,
Qui d'établissements est si riche aujourd'hui,
Il déroulait les plans de l'œuvre grandiose,
Qui ferait de Cherbourg, dans sa métamorphose,
Un Gibraltar français, avec ports et bassins,
Qu'il destinait un jour à servir ses desseins.

Oui, Cherbourg à son but marche avec assurance,
Il sera dans le Nord le rempart de la France,
Par sa Digue imposante et ses forts redoutés ;
Pour la construction ses chantiers si vantés,
Couvriront l'océan des plus belles escadres,
Ses marins parvenus aux premiers rangs des cadres,
Prouveront leur courage au premier branlebas,
A vaincre pour la France au plus fort des combats ;
D'autres, fiers de braver mille dangers sur l'onde,
Iront s'accréditer dans tous les ports du monde,
Donnant extension au commerce des mers,
Par nos lourds paquebots et nos légers steamers.

Ainsi, du grand héros la sublime pensée
Sera, par son neveu, bientôt réalisée,
Il en poursuit la tâche avec zèle et vigueur,
Cherbourg, réjouis-toi, ton illustre Empereur

Aujourd'hui, dans tes murs, va présider la fête,
Qui d'un grand avenir t'assure la conquête ;
C'est de ton grand bassin l'œuvre d'immersion,
De ton chemin de fer l'inauguration,
Et pour ton dévouement, avec persévérance,
Au héros immortel, dont s'honore la France,
Qui méditait ta force et ta prospérité,
Tu verras sa statue embellir ta cité.

Tant de bienfaits pour nous mérite notre hommage,
Cherbourgeois, nous irons, au pied de cet image,
Demander pour faveur au monarque des rois,
Qu'il veille sur les jours de Napoléon trois,
Qui du grand empereur sait marcher sur la trace,
Qu'après lui sur le trône il protège sa race,
Afin que, dans la paix, nos fils et nos neveux
Jouissent du bonheur qui peut combler nos vœux.

Ce qui relève encor le charme et l'harmonie
De la solennité, c'est l'auguste Eugénie,
Qu'on voit, pour ses vertus et pour notre bonheur,
Partager d'un époux le trône avec honneur :
Partout où l'Empereur, dans sa sollicitude,
Des besoins du pays va faire son étude,
Par un autre devoir notre ange de bonté
Est aussi du voyage, et dans sa charité,
Elle adoucit les maux causés par l'infortune ;
Loin que de l'affligé la plainte l'importune,
Elle veut qu'à ses soins l'indigent ait recours,
Donnant son patronage aux maisons de secours.
Vous qu'un cruel destin réduit à l'indigence,
Qui rencontrez partout l'implacable exigence,
Et qui, sans murmurer, de vos privations,
N'attendez que du ciel des consolations,
Vous serez exaucés, sa bonté protectrice,
Vers vous guide les pas de votre Impératrice,

Elle s'empressera d'alléger vos malheurs,
Son cœur compatissant aime à sécher les pleurs,
De sa toute-puissance elle sait faire usage,
Et partout ses bienfaits signalent son passage.
Dans son amour du bien, ses efforts généreux,
Secondent l'Empereur à faire des heureux.

Un Prince Impérial, au désir de la France,
Est né de cet hymen, il est notre espérance,
A monter sur le trône il est prédestiné,
Arbitre des humains, qui nous l'avez donné,
Faites qu'avec bonheur il porte la couronne,
Que des Napoléon la gloire l'environne,
Et qu'héritier des droits d'aussi nobles parents,
Il les égale encor par de brillants talents.

Vive l'Empereur ! Vive l'Impératrice ! Vive le Prince Impérial !

CABINET
DE
L'EMPEREUR.

Palais des Tuileries, le 10 Septembre 1858.

MONSIEUR,

L'Empereur a reçu les vers que vous lui avez adressés à l'occasion de son récent voyage. Sa Majesté a daigné apprécier les sentiments dont ils contiennent l'expression, et a bien voulu donner l'ordre de vous en remercier.

J'ai l'honneur de vous en informer.

Recevez, Monsieur, l'assurance de ma parfaite considération.

Le Sous-Chef du Cabinet de l'Empereur,
A. DE DALMAS.

STANCES A MARIE RAVENEL.

Quelle est cette aimable Egérie
Cet ange du nom de Marie
Qui dans le langage des Dieux
De la Saire enchante les rives
Par ses idylles fugitives
Et ses accords mélodieux ?

C'est une tendre Philomèle
Dont la voix flexible se mêle
Aux sons de la brise des nuits,
Qui voyant Dieu dans ses ouvrages
Célèbre les épais ombrages
Et le ciel semé de rubis.

C'est une abeille ménagère
Butinant d'un aile légère
Le miel et le parfum des fleurs,
Qui, chantant l'empire de Flore
Se mire aux perles de l'aurore
Et nous en dépeint les couleurs.

Parfois dans un mâle délire
Montant les cordes de sa lire
Sur des tons plus majestueux,
Elle peint les vents, les orages,
Les torrents, la mer, les naufrages
Et les volcans impétueux.

Ses vers sont charmants et sublimes,
Partout la richesse des rimes
Est alliée à la raison
Et dans le bon goût poétique
Ils ne craignent point la critique
Et seront toujours de saison.

Elle ne doit qu'à la nature
Et quelques moments de lecture,
Le bel art qui la fait briller
Comme une pierre précieuse
Dans une plaine spacieuse
Que le soleil fait scintiller.

Pour tes suaves poésies
Qui ravissent mes fantaisies
Permets, savante Ravenel
Qu'admirateur de tes ouvrages,
Je t'en adresse mes suffrages
Par ce poème fraternel.

M. Legoupil.

ÉPITRE

AU

CONSEIL MUNICIPAL.

Je veux par quelques vers marquer ma gratitude
Pour les soins, le bon goût, le zèle et l'aptitude,
Du maire de Cherbourg, l'honorable Ludé,
Qui, par tout son conseil, d'une voix secondé,
Dote, augmente, embellit, transforme notre ville,
Réunissant toujours l'agréable à l'utile ;
A voir tant de bienfaits nous étions destinés,
Parmi ces grands travaux en œuvre ou terminés.
On cite l'hôpital, l'un des plus beaux de France,
L'église Saint-Clément, modèle d'élégance,
Notre-Dame-du-Vœu, monument somptueux,
Église qui dessert un quartier populeux ;

Cette pièce fut composée dans le temps où l'on voyait Cherbourg se transformer rapidement par les travaux d'embellissement et d'utilité que l'édilité faisait exécuter ; espérons que le nouveau Conseil municipal ne restera pas en arrière dans cette voie et que Cherbourg sera bientôt au nombre des plus jolies villes de France.

L'hôtel municipal, enrichi d'une annexe,
Et qu'on verra bientôt dans son état connexe ;
La place du Rempart a perdu son vieux nom,
Elle porte celui du grand Napoléon,
Depuis que du héros une équestre statue,
Y semble de ses plans méditer l'étendue.

 Un autre grand projet occupe en ce moment
Et qui doit amener un heureux changement ;
Il fait depuis longtemps l'attente générale,
Je veux parler ici de la place Centrale,
C'est dans ce vieux quartier où l'air est infecté,
Où jamais le soleil ne montre sa clarté,
Où l'indigent croupit près de tas d'immondices,
Et souvent de ces lieux, source de préjudices
Aux mœurs, à la santé, qu'en hâte on démolit,
Au milieu de Cherbourg, qui partout s'embellit,
Que l'on établira cette place nouvelle
Sur des plans préparés, qui la rendront si belle,
Qu'au lieu du sombre aspect de ses vieilles maisons,
On verra des marchés en toutes les saisons,
De riches magasins, d'élégantes façades,
Des cafés, des bazars, montés en colonnades,
Toujours étincelants d'objets du plus haut prix,
Dignes de figurer avec ceux de Paris.

 Un temps qui n'est pas loin n'était pas comparable
Au progrès d'aujourd'hui, mille fois préférable,
Soit faute de s'entendre, ou soit manque d'argent,
A mettre tout en ordre, on était négligent.
Par malheur, quand quelqu'un, au coin d'une venelle,
Sans songer qu'il était près d'une sentinelle,
Pressé par le besoin, allait lâcher son eau,
Il se sentait soudain enlever son chapeau,

Qui, mis dans la guérite, y demeurait en garde,
Sinon donner cinq sous à l'homme à la cocarde ;
Quand on n'en avait point, on demeurait souvent,
Dans un piteux état, la tête nue au vent.

Lorsqu'en hiver, la pluie inondait les toîtures,
Que longeant les maisons, vous fuyiez les voitures,
Crainte d'être sali de boue ou de fumier,
Vous receviez d'aplomb les douches d'un larmier ;
Heureux, quand pour parer une forte grêlée,
Vous pouviez rencontrer l'abri de quelque allée.
Ce que je vais citer, vingt fois nous l'avons vu,
Quand éclatait soudain un orage imprévu,
Qu'à des torrents de pluie alors donnait descente
Sur la place Vitrel, chaque rue adjacente,
Faute d'écoulement, il s'y formait un lac,
Où pendant quelque temps eût pu nager un bac.
Alors les gens cernés formaient des passerelles,
Plaçant sur les ruisseaux des planches, des poutrelles,
Où parfois les passants, s'ils ne s'en gardaient pas,
Prenaient des bains de pied, par suite d'un faux pas.
Un état si fâcheux n'étant plus tolérable,
Le mal n'a pas été longtemps irréparable ;
On a fait en tous lieux placer des urinoirs,
Repaver chaque rue, établir des trottoirs,
Où marche le piéton, à l'abri des gouttières,
Et pour que les ruisseaux ne soient plus des rivières,
Sous terre on a creusé de profonds caniveaux,
Par des bouches d'égoûts qui reçoivent les eaux
Tout-à-coup, absorbant les plus fortes ondées,
Dont on ne verra plus les places inondées.

Il n'est pas de recoin tenu malproprement,
Que le maire n'en fasse un objet d'agrément :

Au boulevard Javain, près de la retenue,
Remarquez ce bosquet où finit l'avenue,
Cet endroit autrefois de boue était chargé,
On s'étonne aujourd'hui de le voir si changé ;
Il couvre dans l'été, sous son épais feuillage,
Des bonnes, des enfants, des vieillards de tout âge,
Les uns pleins de santé, les autres languissants,
Qui s'amusent sur l'herbe, où dorment sur des bancs.

Malgré le bel aspect que lui donne la gare,
Avec orgueil encor le Cauchin voit son square ;
Place qui fut longtemps un dépôt de billons,
D'esparts, de madriers de tous échantillons,
Dont les tas abritaient un bourbier méphytique ;
Mais du maire, soudain, la baguette magique,
En un square élégant a changé ce bourbier,
Là, le tilleul épais, les grappes du sorbier,
Les festons suspendus de la fleur du cytise,
Un parterre en contours, des bancs à la marquise,
Où vont se prélasser de nombreux promeneurs,
Qui recherchent l'ombrage et le parfum des fleurs ;
Tel on voit ce bosquet, qu'entoure une balustre,
Quand la belle saison, vient lui donner son lustre.

Le Roule, ce vallon en tous lieux si vanté,
Dont la nature a fait un séjour enchanté,
Reçoit aussi son lot dans la métamorphose,
Ainsi que le bouton qui se groupe à la rose ;
Le bord de la Divette a son plant d'arbrisseaux,
Dont les rameaux fleuris se mirent dans les eaux ;
Le tertre est enfermé dans une balustrade,
Longeant le boulevard et sa large esplanade ;
De là, sur le rond point, si vous portez vos pas,
Quel beau coup-d'œil, en mai, ne vous charme-t-il pas ?

L'horizon au Midi, borné par des cultures,
Des hêtres moutonnés, de rustiques toîtures ;
Ici la Fauconnière et son riant côteau,
Dont je vais essayer d'esquisser le tableau :
Des ajoncs couleur d'or ornent sa croupe aride,
Sa crête qui couronne une pente rapide,
Dessine sur le ciel ses buissons d'arbres verts,
Des têtes de rochers qui bravent les hivers,
D'où la voix du coucou souvent se fait entendre ;
Sur son flanc des tilleuls, à la feuille au vert tendre,
Des enclos de verdure entourés d'aubépins,
De sveltes peupliers, des flèches de sapins,
Où l'oiseau le matin, forme sa mélodie,
Et l'arbre qui produit le jus de Normandie,
Décorant les jardins par des masses de fleurs,
Annonce l'abondance, et charme les buveurs.
Sur le devant du plan, des maisons d'un étage,
De petits potagers bornant chaque héritage,
Que l'épine ou des murs divisent par morceaux,
Puis le chemin de fer et ses ponts en arceaux,
Partageant en delta, les eaux de la Divette,
Mais l'iris, le daphné, le roseau, la lorette,
Et les rhododendrons qui parent ces glacis,
Ce parquet, ces sophas où vous êtes assis,
Ces rangs de marronniers, la grille d'entourage,
Du Maire sont encore un magnifique ouvrage
Qui fait du boulevard le plus bel ornement,
Et du panorama le riche complément.

Voyez un monde entier courir aux passerelles
Qui toutes deux déjà sont couvertes d'ombrelles
C'est le départ d'un train ; le signal est donné,
Et de l'avertisseur la trompette a sonné ;
On garde le silence et la foule attentive,
Voit sortir de la gare une locomotive,

Qui glisse sur les rails, poursuivant deux sillons,
Et lance la fumée en épais tourbillons ;
Les wagons emportés d'une extrême vitesse,
Sont pleins de voyageurs ; plusieurs par politesse,
En face du rond-point adressent des adieux,
Par des signes de main au public curieux ;
Ils vont aller redire aux confins de la France,
Les beautés de Cherbourg et sa haute importance,
Et combien à sa gloire et sa prospérité,
Ses dignes Magistrats mettent d'activité.

PÉTITION.

Bons administrateurs, agréez mon offrande,
Daignez en même temps octroyer ma demande,
Si vous me promettiez d'accomplir mon désir,
Vous rempliriez mon cœur d'un extrême plaisir :
« Le Roule où je suis né, fut toujours ma demeure,
» Si le destin permet qu'en cet endroit je meure ;
» Voulant être à jamais dans ce séjour si beau,
» Qu'auprès de ma maison on place mon tombeau,
» Dans cet encadrement que le tuyas ombrage,
» Et qui semble déjà posé pour cet usage ;
» Mon ombre, en votre honneur, inspirera des vers
» Aux enfants d'Apollon sous ces arbustes verts.

A MON AMI VICTOR LESENS,

AU SUJET DE LA MÉDAILLE QUI LUI A ÉTÉ DÉCERNÉE POUR AVOIR EXPLIQUÉ L'ÉCUSSON DE LA VILLE DE CHERBOURG..

Gloire à toi, cher Lesens, maître en l'art héraldique,
Tu viens par ton esprit savant et véridique,
Employant à propos les termes du blason,
D'expliquer de Cherbourg l'héroïque écusson ;
Aussi nos magistrats, honorant ta science,
Ont fait frapper pour toi, dans leur reconnaissance,
Une riche médaille où la postérité
Lira ton nom, ta gloire et ta célébrité.

Trouve bon, cher ami, que je te félicite
De ce juste tribut qu'on paie à ton mérite ;
Cherbourgeois comme toi, j'aime à voir mon pays
Au nombre des savants, compter l'un de ses fils ;
Si Valognes s'honore à bon droit de Gerville (1)
Lesens saura de même illustrer notre ville,
Et pour y seconder son étude et ses goûts,
Où rencontrer ailleurs ce qu'on trouve chez nous :
Cherbourg lui fournira, dans les siècles antiques,
De ses pairs à barons les combats héroïques,
Lorsque de leur cité, ces braves défenseurs
Marchaient la lance au poing contre leurs agresseurs,

(1) Savant antiquaire.

De leurs faits belliqueux, on célébrait la gloire,
Des guerriers en relief en transmettaient l'histoire ;
A la maison Pottier, on en voit encor deux
Figurant de ces temps quelques chefs valeureux (1)

   Que d'antiques pennons ! de riches armoiries !
Sont sous le badigeon ou sous les boiseries
Dans le quartier central, à l'église, au faubourg (2),
Qui pourraient compléter l'histoire de Cherbourg ;
Mais il est bientôt temps d'en rechercher la trace,
Car leur antiquité ne pourra trouver grâce
Sous l'outil du maçon ou du démolisseur ;
Et déjà le progrès vient en envahisseur
Transformer les gros murs et les vieilles arcades,
En élégants salons, en superbes façades ;
On démolit, on pave, on aligne, on construit,
Par ordre de Ludé, le travail se poursuit,
Cet actif Magistrat, ce Maire infatigable,
Par lui, bientôt Cherbourg n'est plus reconnaissable ;
Dans le plan qu'il s'est fait d'embellir la cité,
Nul manoir du vieux temps ne sera respecté ;
Suis ses pas, cher Lesens, dans ses vieilles murailles
Tu pourras découvrir des écus, des médailles
Sur quoi tu prouveras le savoir de ton art
Et crois qu'à ton bonheur je prendrai bonne part.

                                Michel LEGOUPIL.

---

(1) Ils étaient aux façades d'une vieille maison située à l'angle des rues des Portes et de la Vase, et ont été replacés à celle qui a été rebâtie sur le même emplacement.

(2) On a découvert des fresques d'un grand prix sous le badigeon de l'intérieur de l'église Sainte-Trinité, et quand on a démoli les maisons du passage Meslin, à la place Centrale, on a trouvé sous le lambris de l'une d'elles des armoiries antiques. M. Lefebvre, maître brasseur, conserve aussi un bel écusson sous la boiserie de sa maison, place du Cauchin.

LE TRAIN DE PLAISIR

ou

LES PARISIENS VISITANT CHERBOURG.

Heureux Parisiens, qui fuyez l'indolence,
Si, lassés des plaisirs qu'enfante l'opulence,
Paris n'invente plus pour vous rien de nouveau,
Ou si ses embarras troublent votre cerveau,
Faites diversion, quittez la capitale,
Et l'éclat des grandeurs qu'à vos yeux elle étale,
Rendez-vous à Cherbourg par les trains de plaisir,
Quant aux beaux jours d'été vous aurez du loisir.

Là les arts, le génie, aidés de la fortune,
Ont à l'envi doté l'empire de Neptune
D'ouvrages merveilleux, de vaisseaux, de bassins,
Et d'établissements sur les plus beaux dessins,
Élevé dans les flots une digue profonde,
Qui sait leur résister quand la tempête gronde,

Maîtriser l'Océan malgré tous ses efforts
Et braver l'ennemi du canon de ses forts.
Vous y verrez aussi, sur le bord du rivage,
La mer, qui dans son flux étale sur la plage
Ses algues, ses galets et son flot murmurant,
Tandis qu'au-dessus d'eux vole le cormoran ;
Que la mauve s'ébat sur la plaine liquide,
Ou s'élevant dans l'air reprend son vol rapide,
Se balance au-dessus du bateau du pêcheur,
Faisant de son plumage admirer la blancheur.

 Cette scène, pour vous si nouvelle et si rare,
Par le ravissement que tout vous y prépare,
Sans cesse à votre esprit viendra se retracer
Et rien à l'avenir ne pourra l'effacer.

 Mais le train de plaisir a franchi nos campagnes,
Il arrête sa course au pied de deux montagnes,
C'est la gare du Roule et le premier faubourg
Que d'abord on traverse en entrant à Cherbourg ;
Bientôt les voyageurs, sous la gare vitrée,
Descendus des wagons en colonne serrée,
Sont sortis par la grille et marchant à grands pas,
Vont dans les restaurants prendre un premier repas ;
Tantôt on les verra, dispersés sur la plage,
Ramassant des galets plein leur sac de voyage,
Dans le creux de la main goûter l'eau de la mer,
S'assurant s'il est vrai qu'elle ait le goût amer ;
Et plusieurs, de cette eau emplissant des bouteilles,
A leur retour chez eux montreront ces merveilles ;
Mais nous, pour qui le temps est court et précieux,
Allons voir des objets autrement curieux.

 En entrant au Grand-Port, ce que d'abord on trouve,
Ce sont de hauts remparts, un beau pont sur la drouve,

Trois passages couverts et cintrés en granit,
Travail moins élégant que fortement construit ;
Vous voilà dans l'enceinte, un superbe portique
Présente à vos regards son style magnifique,
A gauche ce palais, c'est la majorité,
Où siège du Grand-Port toute l'amirauté ;
A droite, pour pendant, sur la même esplanade,
Du commissariat c'est la belle façade,
Avec ses pavillons, sa grille, son préau,
Chaque administrateur tient ici son bureau ;
Derrière, vous verrez l'un des plus beaux ouvrages,
C'est ce grand bâtiment avec ses quatre étages,
La subsistance y tient ses vastes magasins ;
Ses tonnes de liquide et ses silos de grains,
Son moulin à vapeur faisant de blé farine,
Ses fours pour la cuisson du pain de la marine,
Et pour accélérer ses moyens de transport
Sur une escadre en rade, elle a près d'elle un port.

Suivons notre chemin par la porte d'entrée,
Les nobles attributs dont elle est décorée
Portent les souvenirs vers l'illustre Empereur,
Qui fut de nos travaux le plus grand fondateur.
Près du pénitencier est la gendarmerie,
Ces casernes, plus loin, sont pour l'infanterie,
Pour le corps d'officiers et pour les artilleurs,
Les marins de la flotte ont leur caserne ailleurs ;
De l'aumônier du port vous voyez la chapelle,
On n'a rien négligé pour la rendre si belle,
Le talent de l'artiste en a fait un objet
Dont la perfection se rapporte au sujet.

En avançant encor, bientôt la perspective
Présente plus d'ensemble et devient plus active,

Là de grands bâtiments, de vastes ateliers,
Où l'on voit travailler des hommes par milliers :
Ici les cabestans et la tonnellerie
Où la vapeur conduit le rabot et la scie,
Voilà les poulieurs, la salle aux gabaris,
Les menuisiers ripant sur leurs longs établis,
La meule à la vapeur préparant la peinture ;
Voici les modeleurs, l'atelier de sculpture,
Où chacun veut prouver des talents sans pareils ;
La halle de montage et tous ses appareils,
La forge aux martinets, l'atelier aux machines,
Qui peuvent s'égaler aux plus belles usines,
Leur cent métiers roulants et mus par la vapeur
Et leurs feux avivés par le ventilateur ;
La fonderie aussi présente ses ouvrages,
Sa fonte destinée à différents usages,
Ses flammes bleu d'azur du cuivre en fusion,
Et de ses gabaris la disposition.

Parmi les plus beaux plans des travaux hydrauliques,
Remarquez sur le quai ces quatre grands portiques,
Sur des murs de granit élevés en arceaux,
C'est sous leurs vastes toîts qu'on construit des vaisseaux ;
Voici les charpentiers sur leurs échaffaudages,
Aux flancs de ces géants appliquant des bordages,
Après eux, les calfats, d'étoupe en bourrelet,
Bouchent chaque jointure à grands coups de maillet.

Mais ici quels efforts de la puissance humaine !
Et que Neptune est fier d'avoir dans son domaine
Ce port, ces deux bassins creusés dans le rocher,
Où soixante vaisseaux tiendraient sans se toucher.
Huit formes de radoub, sur les plus beaux modèles,
Environnent leurs quais, sans faire parallèles,

Qu'épuise la vapeur, quand leurs flancs recourbés,
Ont reçu des vaisseaux pour être radoubés ;
C'est là que le navire, échappé du naufrage,
Ballotté par les vents durant un long voyage,
Vient livrer sa carène au charpentier-calfat,
Pour reprendre la mer quand il est en état.

  Entre deux bâtiments, se regardant en face,
Le bassin Charles-Dix présente sa surface,
L'un, c'est la garniture et ses deux pavillons,
Magasin de gréement de tous échantillons,
Ses ancres de vaisseaux, sa cour, sa balustrade :
L'autre est l'artillerie et sa longue façade,
Et dont vous pouvez voir les vastes logements,
Les décors somptueux de ses appartements :
Dans ses cours, dans son parc, rangés en longues files,
Ses canons, ses mortiers et ses gros projectiles,
Ses magasins d'objets approvisionnés,
Qui par les artilleurs sont confectionnés.

  Après ces attributs et de guerres et d'alarmes,
Le visiteur veut voir aussi la salle d'armes,
Admirable musée et chef-d'œuvre de l'art,
Dont il n'est dans ce genre un plus beau nulle part,
La salle est spacieuse et sur toutes ses faces,
Des lambris au plafond, ce ne sont que rosaces,
Fantastiques dessins, soleils resplendissants.
Et de quoi sont formés ces emblêmes luisants ?
De lames de poignards, de sabres et d'épées,
Du plus brillant acier et finement trempées.
Le parquet est garni de fusils par milliers,
Avec ordre rangés contre les râteliers,
Partout même richesse et même symétrie ;
Et ce vieux vétéran de notre artillerie,

Ce canon oxidé, de l'un de ces vaisseaux (1)
Qui durant un combat ont sombré dans nos eaux.

A peine est-on sorti de ce brillant musée,
Que l'on aura toujours présent à la pensée,
Que bien d'autres objets occupent les regards:
Ici, c'est la mâture et ses vastes hangars,
Le bassin d'armement, ses vaisseaux, ses frégates,
Et ses esquifs, glissant comme aux jours des régates,
Montés de canotiers en service de port,
Et d'autres circulant pour les besoins du bord.

Ce qui vient compléter tant d'objets magnifiques,
C'est la direction des travaux hydrauliques ;
Ensemble, au grand complet, de cours de logements,
De magasins tout pleins d'approvisionnements,
De bureaux élevés sur le plus beau modèle,
Partout des ateliers sur une vaste échelle
D'habiles ouvriers, cette direction
Sur tout objet construit étend son action ;
Elle en bâtit les murs, élève la toiture,
En fait l'intérieur y place la peinture,
Une porte, un volet, une planche, un verrou,
Une ardoise, une vitre, une gouttière, un clou,
Tout est de son ressort, elle seule les place,
Dans tous les grands travaux elle a marqué sa trace ;
Que n'a-t-elle pas fait par ses constants efforts ?
Elle a construit la digue, elle a bâti des forts,
De morceaux de rocher extrait des tas énormes,
En creusant l'avant-port, les bassins et les formes,

(1) Ce canon provient de l'un des vaisseaux du combat de la Hougue, qui, s'étant réfugiés dans l'anse de Cherbourg, y furent brûlés par l'escadre anglo-hollandaise en 1692, il fut trouvé en mer au mois d'août 1833.

A maçonné les quais, construit les ponts-tournants,
J'aurais beau vous nommer tous ses faits étonnants !
Mais si vous désirez en garder la mémoire,
Voyez-les en petit dans son conservatoire ;
Là, par Napoléon, les travaux décrétés,
Sur des plans en relief sont tous représentés ;
Après des objets d'art on y voit des fossiles
Puis des chaînons en fer agrégés de coquilles,
Retirés de la mer ou d'excavations ;
La digue offre plus loin ses préparations,
Ses grands cônes tronqués aux formes colossales,
De sa solidité, bases fondamentales ;
Sur un plan la voici figurée en tableau,
Pendant la haute mer bien au-dessus de l'eau ;
Les forts de ses musoirs, un, intermédiaire,
Sa batterie au centre à demi-circulaire ;
A basse mer ici, nous la voyons encor,
Sa plage de moellons s'étendant vers le nord,
Tandis que, vers le sud, son étroite esplanade,
Semble plonger à pic jusqu'au fond de la rade,
Où tout près, sans danger, mouillent de gros vaisseaux ;
Ici sont les terrains choisis pour les travaux,
Naguère encor couverts de petits héritages
Et qui seront bientôt dotés de beaux ouvrages
Déjà, par des jalons, on y voit les dessins,
Où vont être creusés le port et les bassins.
En voici les projets avec leurs différences :
Ce grand local auprès sert pour les subsistances ;
Si l'on voyait, du port, chaque établissement
Prendre sa place ici, tel que ce bâtiment,
Ce serait pour Cherbourg d'un prix inestimable
Et pour les étrangers un chef-d'œuvre admirable.

Un Cicérone est là, qui de tout vous instruit.
Pour mieux vous satisfaire, enfin il vous conduit

Dans un salon secret où tout paraît mystique,
Des dalles de sépulcre, un grand cadre historique,
Des attributs dorés, attachés aux lambris,
Tous objets précieux, accompagnés d'écrits.
C'est en mil-huit cent-trois, nous apprend la pancarte,
Que le premier consul, l'immortel Bonaparte,
Décréta qu'à Cherbourg, à force de travaux,
Un port serait creusé pour les plus grands vaisseaux.

  Après dix ans d'efforts et de persévérance,
Le port est terminé, devançant l'espérance,
Tout est prêt, au moment où l'on va l'immerger,
L'Empereur est absent, il combat l'étranger
Se liguant contre nous, après mil-huit cent-douze (1),
Mais nous avons présente ici sa jeune épouse,
Sous un beau baldaquin à rideaux de brocard,
Courtine à franges d'or et partout avec art
Des emblêmes dorés rappelant notre histoire,
Dont plusieurs sont ici conservés pour mémoire.
Vingt mille spectateurs, attendant le moment,
Rangés autour des quais, font un encadrement :
Voici, tambour battant, la garnison en armes,
Cavaliers, fantassins, artilleurs et gendarmes,
Une troupe d'élite, apostée aux abords
Où sont l'Impératrice et les états-majors ;
Déjà la pleine mer gagne son apogée,
Bientôt du bâtardeau la crête est submergée,
Laissant entrer des flots, l'un, l'autre se pressant,
Quant à la fin, la mer, qui va toujours croissant,
S'élance impétueuse au-dessus du barrage,
Offrant du Niagara la plus frappante image.
Par cette masse d'eau tombant avec fracas
Dont le pied écumeux se relève en frimas ;

  (1) 1812, allusion au désastre de notre campagne de Russie.

Alors des assistants les hurrahs frénétiques,
La musique jouant des airs patriotiques,
Et deux vaisseaux (1) faisant leurs évolutions,
Lançant à chaque bord des détonations ;
Tout forme un tel concert, que l'âme électrisée
Dans un monde féerique emporte la pensée.
Mais par malheur, ce jour si beau, si radieux,
Fut le dernier succès d'un règne glorieux..
Napoléon, luttant contre l'Europe entière,
Se vit trahi, déchu, captif de l'Angleterre
Qui, choisissant exprès un climat meurtrier,
L'y tînt jusqu'à sa mort sous un cruel geôlier.
Mais quand Victoria fut élevée au trône,
Le jour où sur son front on plaça la couronne,
Des haines du passé faisant abstraction,
Elle en fit envers nous la réparation,
Remettant en nos mains les cendres du Grand Homme
Et pour les recevoir, c'est Cherbourg que l'on nomme.
Tout Cherbourg les reçut avec solennité,
Ce dépôt, à Paris, fut soudain transporté
En nous laissant ici les dalles de sa crypte,
Que tous nous préférons aux merveilles d'Egypte.
Cherbourg reconnaissant envers son bienfaiteur,
De ce don précieux sera conservateur,
L'estimant au-dessus des trésors les plus rares.
Mais voici des tambours, des clairons, des fanfares,
Et de la troupe en marche au pas accéléré ;
Déjà de curieux le port est encombré,
Autour du grand bassin l'affluence se porte,
Nous-même sur ce point le torrent nous emporte,
Et voici le sujet de cet empressement :
C'est qu'on va d'un vaisseau faire le lancement ;
Le voilà sur son ber, libre de toute entrave,

(1) Le *Courageux* et le *Polonais*.

Un drapeau sur l'arrière, un autre sur l'étrave,
La verdure en festons, les guirlandes de fleurs,
Décorent ses pavois parmi les trois couleurs.
Sur les musoirs saillants des tentes sont dressées,
Où sous des baldaquins les dames sont placées :
Les rideaux frangés d'or, les sophas de velours,
Accompagnent l'éclat de leurs riches atours.

Déjà, dans le bassin, ayant sa libre entrée,
L'Océan le remplit d'une haute marée,
Sa surface, qui prête à la solennité,
Réflète les rayons d'un beau soleil d'été ;
Cependant les soldats font ouvrir le passage
Et voilà le clergé, qui vient selon l'usage,
Pour donner au vaisseau sa bénédiction.
Et que Dieu l'ait toujours sous sa protection.
Après une oraison, propre à la circonstance,
Le curé s'avançant avec son assistance,
Qui tous sont comme lui vêtus d'ornements blancs
Asperge du navire et la quille et les flancs,
Ce qui ne peut manquer; comme chacun l'espère
D'assurer au vaisseau le sort le plus prospère.

Soudain, du lancement le signal est donné
Le colosse glissant sur son plan incliné
Laisse après lui du feu qui s'élance en colonne.
L'onde, en le recevant, s'ouvre, écume et bouillonne,
Lui, parmi les drapeaux, acclamé, triomphant,
Dans son nouveau domaine avance en conquérant ;
La musique, qui joue une marche guerrière,
Semble encor l'exciter à fournir sa carrière,
Et lui donner l'orgueil de soutenir l'éclat
Du pavillon français, au plus fort d'un combat.
Les clairons, mettant fin à la cérémonie,
Font retentir au loin leurs bruyante harmonie,

La troupe rentre en marche au pas accéléré,
Tout visiteur doit suivre et nul n'est toléré,
Pour rester plus longtemps à parcourir l'enceinte,
J'en ai bien du regret, car sans cette contrainte,
A voir plus long détail on nous aurait admis,
Mais nous y reviendrons quand il sera permis.

Dans les bons restaurants, nos promeneurs à table,
Servent leurs appétits d'un dîner confortable,
Tout en s'entretenant de l'effet merveilleux
Que le port militaire a produit à leurs yeux ;
La conversation est enfin terminée,
Par le choix de l'emploi du reste de journée ;
Et la foule est déjà sur la place en renom,
Où, sur son piédestal, on voit Napoléon,
Que Cherbourg, à bon droit, porte à l'apothéose
Pour ses vastes desseins, dans l'œuvre grandiose
D'herculéens travaux, qui de notre cité,
Feront toujours l'orgueil et la célébrité.

Se dresse, près de là, l'obélisque fontaine,
On ne voit point Jésus et la Samaritaine,
D'une leçon morale, orner ce monument,
Des têtes de lions en font tout l'ornement,
Par des jets d'eau sortant de leurs gueules béantes,
Un grand bassin reçoit leurs chûtes murmurantes,
L'aiguille et le bassin, qu'un pivot réunit,
Sont façonnés chacun d'un seul bloc de granit.

Du quai Napoléon, on voit comme en parade
Et la digue et les forts, les vaisseaux et la rade,
Les pavillons flottant sur un ciel azuré,
Le liquide élément est à peine effleuré,
Par les esquifs légers qui font blanchir la lame,
Sous le rapide élan que leur donne la rame ;

D'autres, rentrant au port, franchissent le chenal
Et dans l'embarcadère, en face l'arsenal,
De nouveaux promeneurs, s'étant remis en charge
Pour un autre trajet vont reprendre le large,
Le gouvernail en main, déjà tous les patrons,
Font à leurs canotiers border les avirons,
Voyez comme on s'empresse à servir la pratique
Tandis qu'ils lutteront sur l'arène nautique
Nous allons visiter le Roule et Quincampoix,
Pittoresques vallons célébrés tant de fois.

LES POINTS DE VUE.

Quand on a visité Cherbourg et ses ouvrages
Et qu'on veut contempler la mer et ses rivages
La verdure des champs dans la belle saison
Et le panorama qu'encadre l'horizon,
Le Roule nous invite à gravir sa montagne
De là nous dominons une vaste campagne
Puis changeant le coup d'œil, il nous semble d'abord
Que la mer et le ciel se touchent dans le nord,
On voit dans le lointain des voiles fugitives
Qui dans des sens divers voguent vers d'autres rives,
La mer entre deux caps en golfe s'avançant,
Fit jadis de Cherbourg, le rivage en croissant ;
Cette ville, aujourd'hui si belle et si puissante,
Dans les siècles derniers était peu florissante ;
On se souvient encor d'avoir vu dans ses eaux,
Du combat de la Hougue, arriver deux vaisseaux,
Echappés au désastre où succombait Tourville,
Mais quels secours pouvait leur prêter notre ville ?

Nous étions sans soldats, sans marine et sans forts,
Eux, en se défendant, faisaient de vains efforts,
Contre les feux croisés des Anglais, des Bataves,
Réunis dix contre un, enfin l'on vit nos braves,
Dans leurs vaisseaux brûlés jusqu'à la flottaison,
Préférer s'engloutir que d'aller en prison.

Ces dangers sont finis, les efforts de la France
Sont parvenus enfin, dans leur persévérance,
A faire de Cherbourg le port le plus parfait,
Que la nature ou l'art aient encor jamais fait ;
Former par une digue, une rade tranquille,
En forçant l'Océan à devenir docile,
Où l'escadre est à l'ancre à l'abri du danger,
Dans un cercle de forts prêts à la protéger ;
Et cinquante vaisseaux peuvent trouver leur place,
A son fameux mouillage et dans son vaste espace ;
Admirez les esquifs des patrons lamaneurs,
S'y croisant en tous sens chargés de promeneurs,
Qui vont voir des vaisseaux la forte artillerie,
Par les sabords ouverts de chaque batterie,
Connaître du grément l'utilité, les noms,
Descendre sur la digue, y compter les canons,
S'arrêter un instant à chaque plate-forme,
Admirer des mortiers la grosseur et la forme,
Du haut des parapets, voir les enrochements,
Au centre visiter les établissements ;
Examiner en tout cette œuvre sans pareille
Qui jadis eût été la huitième merveille,

Cherbourg serait ingrat si, dans ses bienfaiteurs,
Il oubliait ce roi, l'un de ses fondateurs,
Louis XVI élevant sur les bords de son anse,
Ces trois superbes forts, reliant leur distance,

Par une digue au centre, allongeant ses musoirs,
Vers l'Isle et Querqueville, où l'on voit deux bossoirs,
Redoutables gardiens de l'une et l'autre passe,
De la rade fermant ainsi le vaste espace ;
Mais il n'eut pas le temps d'achever ces travaux,
La Révolution exaltant les cerveaux,
On fit guerre aux abus qui partout résistèrent
Le progrès triompha, bientôt ils succombèrent,
Louis, tergiversant dans son autorité,
Se vit dans le néant avec eux emporté.
Cherbourg crut de ses plans la cause abandonnée
Mais d'un jeune héros, la haute destinée,
L'ayant, par ses hauts faits, investi du pouvoir,
Il remit tout bientôt dans l'ordre et le devoir ;
Dans un vaste blocus enserrant l'Angleterre,
Qui sur le continent nous suscitait la guerre,
Il a juré sa perte, et pour ses grands desseins,
Cherbourg aura son port, sa rade et ses bassins.
Des mille d'ouvriers appelés par la cloche,
Aidés par le burin, le salpêtre et la pioche,
Entament le rocher et creusent l'avant-port,
Tandis qu'en pleine mer, cent barques de transport,
En ligne sur la digue, encor submergée,
Viennent verser les blocs dont chacune est chargée,
Et qu'au Roule, au Becquet, sous les entrepreneurs
De Riancourt, Daumas, d'intrépides mineurs,
Font voler en éclats, des quartiers de montagnes,
Dont l'écho retentit jusqu'au fond des campagnes ;
Les blocs et les moellons entassés sur les quais,
Y sont sur les transports pour la digue embarqués.

L'Anglais voit en pitié ces grands travaux d'hercule,
Et voulant en montrer le côté ridicule,
Il viendra sur la rade enlever nos vaisseaux,
Et quel autre que lui doit régner sur les eaux !

Le traitre va choisir une nuit des plus sombres,
Sa frégate Minerve, à la faveur des ombres,
Sur les feux de Cherbourg s'avance fièrement,
Le vent souffle du nord, la digue en ce moment,
(Il était pleine mer), ne découvrait qu'au centre,
En face du Hommet, il faut que Minerve entre,
L'équipage a reçu l'ordre du commandant,
Et dans sa folle ardeur, ce jeune outre-cuidant,
Voulant à nos marins donner les étrivières,
Se croit maître déjà de nos deux canonnières,
De nos bateaux transports, après son coup de main,
En vainqueur dans Porstmouth il entrera demain,
Et son nom répété comme un foudre de guerre,
Il aura les honneurs de toute l'Angleterre.

Il avance toujours, par la gloire emporté,
Mais il sent, tout-à-coup, son navire arrêté,
Il est pris sur la Digue, il force en vain de voiles,
Le Hommet, qui le voit, aux clartés des étoiles,
Et ne sachant encor si c'était un Français,
Car il ne pouvait voir le pavillon anglais,
Lance un boulet d'essai, Minerve lui riposte,
Dans le fort, aussitôt, chacun est à son poste,
Et chaque canonnière, en ligne de combat,
Veut prouver que, pour vaincre, elle est en bon état ;
L'Anglais soutient son feu, mais, contre une muraille,
Tous ses efforts sont vains ; les boulets, la mitraille
Lui criblent ses haubans, son pont et ses sabords,
Comblent son entrepont de mourants et de morts.

Le commandant, vaincu, voyant son équipage
A moitié décimé par cet affreux carnage,
La mer se retirant et sa frégate à sec,
Ne pouvant plus douter de son honteux échec,

Voiles et pavillons, il a tout fait descendre,
Par ce signe annonçant qu'il demande à se rendre,
Avec son équipage acceptant la prison,
Confus d'avoir reçu cette dure leçon.

    Tandis que, corrompus par l'or de l'Angleterre,
Tous les rois féodaux nous déclaraient la guerre,
Et que notre Empereur et ses vaillants soldats
Les mettaient tous en fuite et prenaient leurs Etats,
Cherbourg était toujours présent à sa pensée ;
La Digue était déjà tellement avancée,
Que sur son centre étaient de vastes ateliers,
Des maisons où logeaient de nombreux ouvriers,
Les bureaux des commis, une bonne citerne,
Une cantine auprès, plus loin une caserne,
Où vingt-cinq artilleurs tenaient la garnison,
Et pour maintenir l'ordre, enfin, une prison.
Mais quel sinistre affreux ici s'offre à ma plume !
Et qu'il faut qu'à regret je trace en ce volume.
Catastrophe qui mit tant de gens au cercueil,
Enveloppa Cherbourg dans un voile de deuil,
Jeta dans les hameaux les plus vives alarmes,
Et dont l'écho partout fit répandre des larmes.
C'était en février de l'an mil huit cent huit,
L'aiguille de l'horloge avait passé minuit ;
Le vent soufflait du Nord, la mer était houleuse,
Quand du Nord-Ouest, soudain, sa force impétueuse
Afflige l'horizon par d'affreux sifflements ;
L'Océan y répond en de sourds grondements ;
Ses flots sont irrités et battent les rivages,
L'ouragan, redoublant, va faire des ravages,
Et répandre partout l'épouvante et l'horreur
Qui pourrait de la mer dépeindre la fureur,
Nos forts seuls résistant à ces coups implacables,
Des navires sur rade elle a rompu les câbles,

Et Cherbourg se réveille aux cris des matelots,
Jetés sur les rochers, luttant contre les flots.

Sous le coup de l'effroi tout le peuple se lève
Et par groupes s'étend sur les quais, sur la grève,
En attendant le jour avec anxiété,
L'aube paraît, hélas quelle calamité !
Deux corvettes à sec, dont l'une est défoncée, (1)
Et l'autre, heureusement sur le sable lancée,
N'ayant nulle avarie, on peut la relever,
Tout leur monde est à bord, ils sauront se sauver :
Mais la clarté du jour, si longtemps attendue,
De malheurs bien plus grands découvre l'étendue :
On regarde la mer, dans ses flots blanchissants,
On cherche en vain la digue, elle est sous les brisants ;
Borée et l'Océan, s'unissant de furie,
N'ont laissé rien debout sur sa superficie :
Caserne, logements, bureaux, hangars, chantiers,
Tout est anéanti, sur trois cents ouvriers,
Sur la digue occupés nuit et jour à l'ouvrage,
Peut-être un seul n'a pu survivre à ce naufrage,
Cependant de la rade il arrive souvent
Mille objets sur la vague et poussés par le vent,
O scène de douleur, ici mon cœur se nâvre !
En voyant chaque flot apporter un cadâvre,
Qu'il jette sur la grève au milieu de débris,
Et soudain des sanglots, des larmes et des cris ;
C'est une sœur ici qui reconnaît son frère,
Un frère son aîné, une fille son père,
Une mère son fils que son sein a nourri,
Une épouse enlaçant le corps de son mari.

La tempête toujours rendait la mer affreuse.
Mais voici dans les flots une forme douteuse,

(1) Les corvettes le *Cygne* et le *Papillon*.

On distingue un navire avançant vers le port,
Tout le monde au chenal se porte avec transport,
On reconnaît bientôt la barque de la digue,
Et des hommes dedans accablés de fatigue
Au gouvernail se tient le conducteur Trigan (1)
Son courage a vaincu la mer et l'ouragan.
Ils sont dans le chenal, on leur aide à descendre :
Mes amis, dit Trigan, il n'en faut plus attendre,
Ici nous sommes treize et le reste est perdu,
Cent fois d'être comme eux je me suis attendu.

La digue et ses travaux, après ce choc terrible,
Semblait être un projet d'un succès impossible,
Et que vouloir lutter contre les éléments,
C'était se préparer de tels évènements.
Mais au héros français opposer un obstacle,
Qui puisse l'arrêter, ce serait un miracle,
Le travail est repris avec rapidité,
Et sur un plan offrant toute sécurité.

Tous les gouvernements, après ce grand génie,
Ont poursuivi sa tâche et ne l'ont pas finie.
Mais voici son neveu, héritier de ses droits,
Empereur sous le nom de Napoléon III,
Qui, de deux Empereurs abaissant l'arrogance,
Sur le haut du pavois a replacé la France,
Dans un goût grandiose, il transforme Paris,
Il en fait le séjour des Mille et une Nuits ;
Fait marcher le progrès, les arts, l'agriculture,
Remet les monuments dans leur architecture,
Et faisant droit aux vœux des Conseils généraux,
Pour les départements décrète des travaux.

(1) Trigan, conducteur aux travaux de la digue, décoré de la croix d'honneur, pour cette action.

Des projets de son oncle il a fait son étude,
Cherbourg devient l'objet de sa sollicitude,
Des ordres sont donnés pour son achèvement,
Tout travail entrepris est fini promptement,
Et si Dieu nous le laisse encor quelques années,
Notre ville verra fleurir ses destinées,
L'histoire un jour dira que Napoléon III,
En finissant le Louvre, œuvre de tant de rois,
Et terminant Cherbourg, le plus beau port du monde,
Aura su s'illustrer sur la terre et sur l'onde ;
Il sait bien que Cherbourg, qu'il finit dans la paix,
Sera, durant la guerre un Gibraltar français.

Notre point culminant est un observatoire
Qui domine Cherbourg et tout son territoire,
Sur le rivage à droite est le fort des Flamands,
Et la pyrotechnie et tous ses logements ;
Plus près, de gros hameaux et de gras pâturages,
Le cours du Trottebec y baigne les herbages ;
Voici la Moignerie et ses gros maraîchers,
Qui graissent leurs jardins du varech des rochers ;
Leurs choux-fleurs dans Paris font vanter Tourlaville ;
Non loin de ces terrains Cherbourg étend sa ville,
Vous voyez ce quartier déjà si populeux,
Et qui de jour en jour devient plus somptueux,
Ce lieu, qui maintenant n'est plus reconnaissable,
N'était, naguère encor, qu'une pleine de sable,
Image du désert pour la stérilité
Mais le type aujourd'hui de la fertilité.
Ici c'est l'hôpital, l'un des plus beaux de France,
Là, c'est le Casino, cité pour l'élégance,
De son dôme central et de ses pavillons,
Et du goût recherché de ses brillants salons,
Où l'on donne des bals, des banquets confortables

Au monde de baigneurs, riches fashionables,
Qui visitent Cherbourg dans la saison des bains
Et que de tous pays nous apportent les trains.
L'église Saint-Clément, dans sa forme correcte,
Prouve un rare talent dans Geuffroy l'architecte,
Aussi bien l'hôpital, Notre-Dame-du-Vœu
Et Sainte-Trinité, lui vaudront même aveu.
Voici le beau canal que le touriste admire,
Sa surface moirée, où le soleil se mire,
Reflète les rameaux, pour s'en faire ornement,
De l'orme et du sorbier de son encadrement.
Plus loin c'est la cité, ses belles promenades,
Autour de son bassin des quais, des esplanades,
Où l'on voit circuler, durant les jours entiers,
D'actifs négociants, de nonchalants rentiers,
Des douaniers vigilants, des porte-faix hercules
Dont les reins, aux fardeaux, sont de fortes bascules,
Quand des tas de sapin ils dégagent le port
Et dans les magasins qu'ils en font le transport.

Le coup d'œil sur la ville offre un confus ensemble,
Dont aucune partie à l'autre ne ressemble,
Des amas de maisons, de toîts enchevêtrés
D'étages différents et tellement serrés,
Qu'ils semblent ne laisser entre eux aucun espace
Qui fasse supposer une rue une impasse.
Pourtant nous y voyons poindre des monuments,
Plus loin c'est du Grand-Port les établissements,
Qui présentent de l'art des choses sans pareilles.
Faisons diversion à toutes ces merveilles,
Puisqu'à les contempler nous n'en finirions pas,
Et sur un autre point allons porter nos pas.

Tout le long du côteau remontant la Divette,
De la mère Vallois on trouve la buvette,

Petit estaminet, où vont durant l'été,
De paisibles bourgeois jouer à l'écarté ;
Vous avez près de vous une masse imposante :
C'est du rocher qui pend la tête menaçante,
On dirait qu'un Titan la posant de sa main,
Ait voulu prouver là son pouvoir surhumain ;
La jointure en dessous semble en donner l'indice,
Le voyageur craintif, voyant cet appendice,
Sa base, sans support, prête à s'en décharger,
Se hâte, en s'éloignant, d'éviter le danger.
D'autres objets auprès occupent la pensée,
Ce sont ces gros pitons d'une forme élancée,
Restés là pour témoins des grands éboulements
Qu'a subis le rocher dont ils sont les fragments.

La Divette offre ici l'aspect d'un lac tranquille,
Une pointe au milieu, qui s'avance en presqu'île,
Dans l'onde, sur ses bords, mire ses arbrisseaux,
Et décore l'étang de touffes de roseaux,
D'où s'élance en criant le canard domestique,
Quand il prend ses ébats sur l'arène nautique.

Ici, de Beranger amorçant le poisson
Fait sauter la truite au bout de l'hameçon ;
Là, sur l'herbe des prés qui bordent la rivière,
Près de sa vache à lait, on voit la métayère,
Au robuste embonpoint, au teint frais et vermeil,
Dans sa cruche d'airain, qui reluit au soleil,
Du tribut du matin épuiser la mamelle,
Le canard sur l'étang vogue avec sa femelle,
Le tic-tac d'un moulin, les chants sous le lavoir,
Et l'écho répétant tous les coups de battoir,
Animent ce tableau ; plus loin, dans la vallée,
Bientôt vous dominez une épaisse feuillée,

Qui semble recouvrir un abîme profond,
Et ce bruit murmurant qui s'élève du fond,
C'est la Divette, ici bifurquée et dormante,
Qui, tout-à-coup, déverse en cascade écumante,
Après avoir longtemps baigné, dans son parcours,
Les arbres, les îlots, qui bordent ses détours.
C'est dans ces chemins creux, couverts d'épais feuillages,
Que plus d'un philosophe, admirant ces ombrages,
Cette verte prairie et ces flots argentés,
Vient goûter le repos loin du bruit des cités.

Sur un point culminant sitôt que l'on arrive,
C'est un autre horizon, une autre perspective,
Que partout la nature orne de ses tableaux,
Où le paysagiste exerce ses pinceaux ;
Aussi dans les beaux jours avons-nous les visites
Des touristes de goût, amateurs des beaux sites,
Qui viennent du plus loin, par curiosité,
Admirer de Cherbourg l'ensemble si vanté.
Là, des rochers mousseux de bizarre structure,
De chétives maisons, des terrains sans culture,
Revêtus de bruyère et d'ajoncs rabougris,
Qui parent la colline au temps qu'ils sont fleuris,
Des chèvres, des brebis, ressources des ménages ;
Voici, d'autre côté, d'abondants pâturages,
Des groupes de maisons, de riches potagers,
Le pommier aligné ombrageant des vergers,
L'aubépine en rideaux, que les hêtres dominent,
Enferme des enclos où les vaches ruminent,
Près de là vous voyez onduler les moissons,
Écoutez des faneurs les rustiques chansons ;
Ces joyeux villageois, dans leur gaieté comique,
Font l'aoutage du foin au parfum balsamique,
Tandis que les faucheurs, préludant ces travaux,
Coupent l'herbe en ondains du tranchant de la faulx.

Nous voyons Quincampoix et son aspect antique,
Ses modestes maisons, son moulin historique,
Car la chronique dit que, dans ses environs,
En un jour de combat, nos preux Pairs-à-Barons,
Sur un parti d'Anglais, ayant eu l'avantage,
Firent de ces brigands un horrible carnage;
La Divette roula leur sang parmi ses flots,
Et leurs corps ont longtemps engraissé ses îlots.

Sur ce riant côteau qui borde la prairie,
Cette riche demeure est la Prévalerie,
Séjour délicieux entouré d'un bosquet,
Vous voyez en regard les rochers du Tronquet,
Autel mystérieux dressé par les Druides,
Pour le culte cruel de leurs dieux homicides ;
On y voit encor l'antre où, le jour de la mort,
La victime gisait en attendant son sort.
Epargnons à nos yeux cette horreur imprévue,
Le Roule nous promet un autre point de vue.
Vallon cher à mon cœur, là j'ai reçu le jour,
Jamais en d'autre lieu je n'ai fait mon séjour :
Son côteau du couchant, et c'est la Fauconnière,
Offre dans la saison la beauté printanière,
Par ses pommiers fleuris, ses flèches de sapins,
Ses jardins, ses prés verts encadrés d'aubépins,
D'où l'oiseau fait sortir son amoureux ramage,
Des rochers que le lierre enlace de feuillage.
Un kiosque est au sommet, des bosquets d'arbres verts
En tracent le chemin par des sentiers divers :
L'autre fait un contraste à ces beautés champêtres,
On n'y voit ni sapins, ni charmilles, ni hêtres,
Pas de prés verdoyants où paît la vache à lait,
Seulement comme épreuve à son flanc un châlet,
Quelques défrichements dans un terrain aride,
Des ajoncs rabougris sur sa croupe rapide;

Un chemin serpentant sur son flanc dénudé,
Est la route d'un fort sur son sommet guindé.

   C'est entre ces deux monts qu'est le vallon du Roulé,
Le tableau qu'il présente à nos yeux y déroule
Des maisons, des jardins, la Divette au milieu
Un vaste boulevard fait l'ornement du lieu,
A quoi les promeneurs donnent la préférence,
Aussi, de citadins voyez quelle affluence !
Un mélange confus y produit cet effet ;
Que tout marche de pair : le commis, le préfet,
Le patron, l'ouvrier, la dame et la soubrette,
L'espace s'élargit, on reprend l'étiquette ;
Pour se dédommager d'un travail de six jours,
Le paisible ouvrier s'en va, comme toujours,
Jusqu'au chant des oiseaux promener sa famille,
Le père avec le fils, la mère avec la fille,
Là, buvant un cruchon et vidant leur panier,
Ils font un gai repas à l'ombre d'un pommier.
Le marin, le soldat s'en vont à la guinguette,
Danser un rigodon et se mettre en goguette.
Tandis que, dans le square, assis sur des sophas,
Nous voyons se grouper un monde en falbalas,
En habits galonnés, en brillants uniformes ;
Un sexe de haut rang, aux élégantes formes,
Dont on se plaît à voir les gracieux contours ;
Les perles, les bijoux brillent dans leurs atours ;
Leur teint est ombragé d'un chapeau de bergère,
D'où descend, en longs plis, une gaze légère ;
Leur taille est élancée et leur peau de satin,
Leur visage plus frais que l'aube du matin,
Où réflètent le lys, l'incarnat de la rose,
La blancheur de leurs dents, leur bouche demi-close,
La pudeur sur le front, la douceur dans leurs yeux
Expriment tous les traits des messagers des cieux.

Si j'ai voulu tracer cette esquisse fidèle,
C'est que j'ai sous les yeux plus d'un parfait modèle,
Et Cherbourg pourrait bien, sans trop de vanité,
Se dire le pays de choix pour la beauté.

Déjà l'heure s'avance et voilà sous la gare
Que le train de retour pour Paris se prépare,
De nos excursions, ici finit le cours ;
Laissons les Cherbourgeois, dans leur brillant concours,
Se croiser en tous sens sous les berceaux du Roule.
Hâtons-nous, il est temps, en traversant la foule,
De gagner le wagon et, rentrés à Paris,
Nous ferons, sur Cherbourg, de merveilleux récits.

―――――

C'en est fait, cher lecteur, ma veine est épuisée,
Mon encrier est vide et ma plume est usée ;
Si j'ai pu par mes vers te plaire et t'amuser,
Content de ce succès, je vais me reposer.

FIN.

TABLE.

Préface	5
La Perruque du poète Chapelain	7
1er chant	7
2e id	27
3e id	45
Épître à M. J. Travers	63
Le Bouquet manqué	67
L'Heureux Songe	71
Le Trompeur trompé	77
Conte	78
La Salade	82
Chanson	86
Chanson	88
Épitaphe	90
Avis	90
La Carentanade	91
Avant-Propos	93
1er chant	95
2e id	107
3o id	121
Épître à mon ami Achille Le Cordier	137
La Fontaine minérale du Roule	141

Trait de courage du jeune Boissière, de Cherbourg.... 145
Remède contre l'esquinancie...................... 147
Chanson.. 151
Une Mystification................................ 153
Souvenirs de la Glacerie de Tourlaville........... 159
Avant-Propos..................................... 160
1ᵉʳ chant.. 161
2ᵉ id.. 173
3ᵉ id.. 188
4ᵉ id.. 202
A M. Legoupil.................................... 219
Réponse à M. Bazan............................... 224
La Bête mystérieuse............................. 227
Introduction..................................... 227
La Bête mystérieuse, chant....................... 229
La nuit. — Origine de la bête.................... 243
Le Lendemain..................................... 259
Épitre à Napoléon III............................ 267
Stances à Marie Ravenel.......................... 273
Épître au Conseil municipal...................... 275
A mon ami Victor Lesens.......................... 281
Le Train de plaisir ou les Parisiens visitant Cherbourg. 283
Les Points de vue................................ 295

ERRATA.

Page 6, ligne 18e, Paires-à-barons, lisez : *Pairs-à-barons.*
Page 8, vers 9, l'armonic, lisez : *l'harmonie.*
Page 13, vers 12, son nom, lisez : *le nom.*
Page 15, vers 19, encore, lisez : *encor.*
Page 48, vers 22, *a*, doit être supprimé.
Page 70, vers 2, encore, lisez : *encor.*
Page 81, vers 26, encore lisez : *encor.*
Page 86, vers 1, d'Italie, lisez : *d'Idalie.*
Page 117, vers 2, ses, lisez : *nos.*
Page 216, vers 27, ensuite, lisez : *aussi.*
Page 233, vers 5, croyant, lisez : *croyaient.*
Page 237, vers 10, ces, lisez : *ses.*
Page 256, vers 28, maintient, lisez : *maintiens.*
Page 262, vers 27, Depuis longtemps ton babil me déplaît,
  lisez : *Depuis longtemps déjà tu me déplais.*
Page 262, vers 22, toi qui vient, lisez : *viens.*
Page 273, vers 14, d'un aile, lisez : *d'une aile.*
Page 282, vers 24, ses, lisez : *ces.*
Page 283, vers 8, quant, lisez : *quand.*

www.ingramcontent.com/pod-product-compliance
Lightning Source LLC
Chambersburg PA
CBHW071331150426
43191CB00007B/692